Research on China's Macro-Economy and It's Reform

中国宏观经济与发展改革研究

国家发展和改革委员会宏观经济研究院
研究报告文集

(2014)

朱之鑫　主编

中国计划出版社

图书在版编目（CIP）数据

中国宏观经济与发展改革研究：国家发展和改革委员会宏观经济研究院研究报告文集．2014/朱之鑫主编．—北京：中国计划出版社，2014.11
ISBN 978-7-5182-0030-6

Ⅰ．①中… Ⅱ．①朱… Ⅲ．①中国经济—宏观经济—研究报告—2014 Ⅳ．①F123.16

中国版本图书馆 CIP 数据核字（2014）第 197899 号

中国宏观经济与发展改革研究（2014）
国家发展和改革委员会宏观经济研究院研究报告文集（2014）
朱之鑫　主编

中国计划出版社出版
网址：www.jhpress.com
地址：北京市西城区木樨地北里甲 11 号国宏大厦 C 座 3 层
邮政编码：100038　电话：（010）63906433（发行部）
新华书店北京发行所发行
北京京华虎彩有限公司印刷

787mm×1092mm　1/16　13 印张　221 千字
2014 年 11 月第 1 版　2014 年 11 月第 1 次印刷

ISBN 978-7-5182-0030-6
定价：38.00 元

编委会成员名单

前　言

2013 年，面对世界经济复苏艰难、国内经济下行压力加大、自然灾害频发、多重矛盾交织的复杂形势，党中央、国务院继续坚持稳中求进工作总基调，坚持统筹稳增长、调结构、促改革，坚持宏观政策要稳、微观政策要活、社会政策要托底，创新宏观调控思路和方式，采取一系列既利当前、更惠长远的举措，稳中有为，稳中提质，稳中有进，圆满实现全年经济社会发展主要预期目标。我院深入贯彻落实党的十八大和十八届二中、三中全会精神，紧紧围绕服务中央宏观决策的中心任务开展研究工作，取得了一批研究成果。现将部分研究成果汇编形成《中国宏观经济与发展改革研究——国家发展和改革委员会宏观经济研究院研究报告文集（2014）》。

全书共分五篇。第一篇经济发展与宏观调控，全面阐释新阶段我国转变经济发展方式的新情况、新问题和新思路；第二篇国际经济与中外合作，深入分析全球经济发展和治理新变化对我国带来的机遇挑战和应对策略；第三篇产业发展与资源开发，重点解析我国产业发展和资源开发面临的国内外新形势、新环境及政策建议；第四篇改革创新与社会建设，着重探讨我国经济社会重点领域发展改革的战略与社会建设的重点任务；第五篇城镇发展与交通运输，重点研究当前我国正在推进的新型城镇化及交通运输体系建设的若干问题和战略构想。

本文集汇编的研究成果，对很多现实问题的认识和理解有待实践的不断检验，竭诚欢迎社会各界人士和广大读者提出宝贵意见和建议。

二〇一四年四月

全面正确履行政府职能[①]

（代序）

朱之鑫

全面正确履行政府职能是处理好政府与市场、政府与社会关系的核心环节。党的十八届三中全会通过的《中共中央关于全面深化改革若干重大问题的决定》（以下简称《决定》），着眼于我国发展和改革全局，系统阐述了全面正确履行政府职能的总体要求，为加快转变政府职能、进一步简政放权、更好发挥政府作用指明了方向。

一、充分认识全面正确履行政府职能的重要意义

（一）全面正确履行政府职能是完善社会主义市场经济体制的内在要求

改革开放以来，我国经济基础发生了广泛而深刻的变化，适应经济基础的变化，政府职能转变不断推进，为改革开放和现代化建设提供了重要保障。但从总体上看，政府职能转变仍然比较滞后，政府直接配置资源的范围仍然过大，对微观经济主体的干预仍然较多，公共服务供给仍然不足，市场监管和社会管理仍然相对薄弱。在社会主义市场经济条件下，政府应为市场主体服务，通过保护市场主体的合法权益，维护公平竞争的市场秩序，激发社会成员创造财富的积极性。新形势下，推动我国经济发展从主要依靠要素投入和规模扩张为主，逐步转向创新驱动和提高效率为主，更需要政府进一步转变职能，为市场主体充分发挥作用腾出空间，以增强全社会的创新活力。只有全面正确履行政府职能，把该放的权力放开、放到位，把应该由市场承担的职能交给市场，推动政府职能向创造良好发展环境、提供优质公共服务、维护社会公平正义转变，切实用好“看得见的手”、充分用足“看不见的手”，才能充分发挥市场在资源配置中的决定性作用，促进社会主义市场经济体制不断完善。

（二）全面正确履行政府职能是适应我国经济社会结构深刻变化的迫切

---

① 本文选自人民出版社2013年11月出版的《〈中共中央关于全面深化改革若干重大问题的决定〉辅导读本》，作者为国家发展和改革委员会副主任兼宏观经济研究院院长朱之鑫。

要求

我国经济体制深刻变革，社会结构深刻变动，利益格局深刻调整，思想观念深刻变化，在给我国发展进步带来巨大活力的同时，也给政府管理带来诸多新情况新问题。比如：市场机制作用范围扩大，政府与市场的相互关系更加复杂；不同社会群体利益诉求差异扩大，利益主体日趋多元化；公共服务需求全面快速增长，满足多样化需求的压力增大；社会流动性增强，流动人口规模扩大；互联网迅速普及，信息传播更加快捷；公众环境意识增强，环境问题引发的群体性事件增多；等等。这就要求政府强化公共服务、社会管理和环境保护等职能，提供优质高效的公共服务，创新社会管理方式，加强环境保护和生态建设。只有全面正确履行政府职能，把该管的事情管好、管到位，才能适应经济社会结构的调整变化，更好地满足人民群众的新期待。

（三）全面正确履行政府职能是坚持人民主体地位的根本要求

党的十八大报告提出，中国特色社会主义是亿万人民自己的事业。要最广泛地动员和组织人民依法管理国家事务和社会事务。

让人民群众依法参与国家和社会事务管理，有利于更好地发挥人民的主人翁精神，推动社会和谐发展。应该看到，人民群众在物质生活需求得到满足后，对社会参与和自我价值实现的需求不断提升，民主意识、权利意识和监督意识也不断增强。这就要求更好地发挥社会力量和社会组织的作用，提高人民群众的认同感和参与度，充分调动人民群众在自我管理、自我服务方面的积极性、能动性和创造性。只有全面正确履行政府职能，把社会能够承担的职能交给社会，政府集中力量去管好社会组织能力不及的领域，才能在新形势下激发社会活力，最大程度调动一切积极因素，为实现社会公平正义和促进社会和谐进步创造更加有利的制度环境。

二、深刻领会全面正确履行政府职能的总体要求

（一）进一步简政放权

政府职能转变是深化行政体制改革的核心，是全面正确履行政府职能的基础，要把减少行政审批作为职能转变的突破口，进一步推进简政放权。要围绕党的十八大报告确定的推动政府职能向创造良好发展环境、提供优质公共服务、维护社会公平正义转变的基本要求，推进政府向市场放权，充分发挥市场在资源配置中的决定性作用；推进政府向社会放权，更好发挥社会力量在管理社会事务中的作用；推进中央政府向地方和基层放权，切实发挥中央和地方两个积极性。特别是在资源配置方面，政府要最大限度地避免用行政手段配置各类资源。这就要求从体制机制上理顺政府与市场、政府与社会的关系，用政府权力的减法换取市场和社会活力的加法，激发市场和社会主体的创造活力，增强经济发展的内生动力。

简政放权，必须从减少行政审批事项入手。近年来，我国进行了多次审批制度改革，取得了明显的成效，但行政审批和行政许可的事项仍然过多，审批中的自由裁量权仍然过大，与经济社会发展的要求仍有距离。党的十八大明确要求，把深化行政审批制度改革作为转变政府职能的主要途径。这次《决定》再次强调，“深化行政审批制度改革，最大限度减少中央政府对微观事务的管理，市场机制能有效调节的经济活动，一律取消审批。”这进一步表明了推进行政审批制度改革的决心。今后，凡是市场机制可以有效调节的事项以及社会组织可以替代的事项，凡是公民法人在法律范围内能够自主决定的事项，都不应设立行政许可和行政审批。政府减少审批事项，并不意味着就完全撒手不管了，必要的行政审批要规范管理、提高效率，必须做到标准明确、程序严密、运作透明、制约有效、权责分明，而且要创新政府管理方式，按照“宽进严管”的原则，加强对市场主体、市场活动的监督管理，推进政府管理由注重事前审批转向事中事后监管。政府审批事项减少了，但监管责任更大了，管理任务将更加艰巨、更为复杂。

简政放权，必须改变权力过度集中的局面。市场经济的主体是企业，政府的主要职责是创造良好环境。政府要向企业、社会放权，给市场和社会更大的发挥作用的空间。在强调政府对市场和社会放权的同时，还要注重行政体系内部中央向地方放权、上级向基层放权，减少中央部门对地方和基层过多过细的管理。《决定》指出，“直接面向基层、量大面广、由地方管理更方便有效的经济社会事项，一律下放地方和基层管理。”这不仅有利于调动基层政府的积极性，也有利于增强政府管理和服务的针对性和有效性。

（二）加强政府的战略规划制定、市场监管和公共服务职能

全面正确履行政府职能，一方面需要最大程度减少政府对微观事务的管理职能，从不该管、管不了、管不好的领域中退出来，让市场真正发挥配置资源的决定性作用，从而有效提升市场效率；另一方面也需要政府发挥对经济活动的引导和规范作用，强化政府在战略规划制定、市场监管和公共服务方面的职能，弥补市场本身的不足和缺陷，为市场经济健康发展创造良好环境。《决定》明确提出，“政府要加强发展战略、规划、政策、标准等制定和实施，加强市场活动监管，加强各类公共服务提供。”

当前，从世界范围看，经济全球化深入发展，科技革命和产业变革孕育新突破；从国内看，我国经济增速放缓，产能过剩压力增大，劳动力成本快

速上升，资源环境约束更趋强化，对推进经济转型升级提出了更加紧迫的要求。政府必须腾出更多精力抓大事、议长远、谋全局，加强宏观性、综合性、战略性问题研究，强化发展战略、规划、政策、标准的制定和实施。与此同时，随着市场化程度的提高，维护公平竞争的市场秩序也更加迫切，政府必须加强市场活动监管，完善监管体系，维护全国市场的统一开放、公平诚信和竞争有序。政府还要更加注重公共服务，增强基本公共服务供给能力，建设可持续的基本公共服务体系，满足人民群众对教育、就业、社会保障、医疗等方面公共服务日益增长的多样化需求。

（三）合理界定中央和地方政府职能

我国疆域辽阔，区域差异大，地区之间经济社会发展不平衡，中央政府对地方事务管得过多过细，既管不了管不好，也不利于促进地方政府因地制宜有针对性地主动开展工作。要充分调动中央和地方两个积极性，中央政策要尽可能不搞“一刀切”，让地方有施展的空间；地方要强化全国一盘棋的理念，维护中央权威。为了进一步明确中央政府和地方政府的职责划分，《决定》提出要“加强中央政府宏观调控职责和能力，加强地方政府公共服务、市场监管、社会管理、环境保护等职责”，为中央和地方政府更好发挥各自比较优势、加强各自薄弱环节，更好地履行各自职能指明了方向。

加强中央政府宏观调控职责，有着很强的现实紧迫性和全局意义。近年来，我国经济发展出现了一些新变化，实现经济增长、扩大就业、稳定物价、保持国际收支基本平衡这四个目标的难度增大，宏观调控面临更加复杂的局面。这就要求中央政府进一步改善和加强宏观管理，强化发展规划制定、经济发展趋势研判、制度机制设计、全局性事项统筹管理、体制改革统筹协调等职能，完善宏观调控体系，加强宏观调控目标和政策手段机制化建设，科学确定调控目标和政策取向，丰富创新调控手段，健全调控政策制定和决策机制，形成合理的宏观调控政策框架，增强调控的科学性、预见性，强化调控措施的权威性、有效性，促进经济社会平稳健康发展。

加强地方政府公共服务、市场监管、社会管理、环境保护等职责，有利于更好地发挥地方政府贴近基层、就近管理的优势。地方政府加强公共服务，就要继续增加财政对公共服务支出，扩大公共服务覆盖范围，逐步实现基本公共服务均等化，更好地发挥政府提供公共服务、促进社会公平正义的作用。针对当前市场秩序中存在的制假售假、商业欺诈等突出问题，地方政府更要注重加强市场监管，特别是要将涉及人民群众身体健康和生命安全的食品、药品等产品质量安全作为监管重点。社会管理的重点在基层，地方政府要针对人民群众利益诉求更加多样化和经常化的特点，加强社区建设和基层组织建设，发挥各类社会组织的作用，完善基层社会管理服务，形成源头治理、动态管理、应急处置相结合的社会管理机制，维护社会公平正义与和谐稳定。地方政府还要加强环境保护职责，更加主动地采取措施，解决突出问题，更好地满足人民群众呼吸洁净空气、喝干净水、吃安全食品的愿望。

（四）推广政府购买服务

创新政府服务方式，将适合市场化方式提供的公共服务事项，交由具备条件、信誉良好的社会组织、机构和企业等承担，推动公共服务提供主体多元化，这是推动政府职能转变，推进政事、政社分开，建设服务型政府的必然要求，也是提高公共服务质量和效率、办事不养人，建设创新型政府的重要途径。《决定》明确要求，“凡属事务性管理服务，原则上都要引入竞争机制，通过合同、委托等方式向社会购买”。这就要求进一步放开公共服务的市场准入，逐步建立比较完善的政府购买服务制度。创新公共服务提供方式，更多实行政府购买服务，按照公开、公平、公正原则，严格程序，竞争择优，确定承接主体，并对承接主体实行优胜劣汰。这不仅有利于解决一些领域公共服务产品短缺、质量和效率不高等问题，也有利于形成与经济社会发展相适应、高效合理的公共服务资源配置体系和供给体系，使人民群众享受到更加丰富优质便捷的公共服务。

（五）加快事业单位分类改革

加快事业单位分类改革是转变政府职能的内在要求。事业单位改革与行政体制改革相互联系、相互影响。推进事业单位分类改革在很大程度上也是政府自身改革的延伸或组成部分，理顺政府与事业单位之间的关系，本身就是转变政府职能的重要内容。《决定》强调，要“推动公办事业单位与主管部门理顺关系和去行政化，创造条件，逐步取消学校、科研院所、医院等单位的行政级别”，“建立事业单位法人治理结构，推进有条件的事业单位转为企业或社会组织”。这就要求加快事业单位分类改革，积极探索政事分开、管办分离的有效实现形式；探索建立多种形式的法人治理结构，健全事业单位内部决策、执行和监督机制。通过改革，更加明确事业单位的功能定位，强化公益属性，促使事业单位在完善公共服务方面发挥更大作用，更好地实现政府的公共服务目标。

三、切实保障全面正确履行政府职能

全面正确履行政府职能，必须把该放的权力放开、放到位，把该管的事情管好、管到位。在改革实践中，往往有利益的权力不愿放或放得不到位，阻碍政府转变职能；无利益的事情不愿管或管得不到位，阻碍政府全面履职。因此，转变政府职能和全面正确履职，都要进一步健全和完善保障机制。

（一）严格依法行政

依法行政的本质是职权法定，以法律形式明确政府职能，不能一讲转变职能就想卸责，一讲全面履行职能就要扩权，权责必须对称。这就要求完善依法行政的制度，坚持用制度管权、管事、管人，严格依照法定权限和程序履行职责，确保法律、行政法规有效执行。

（二）健全监督机制

全面正确履行政府职能往往受到各种因素制约，只有各方面加强监督，才能形成有效的外部压力。要健全监督机制，强化责任追究，从制度上保证全面正确履行政府职能。要提高政府工作透明度，深化政务公开，创造条件让人民群众更好地监督政府，特别是要接受社会公众和新闻舆论的监督，认真调查核实有关情况，及时依法处理和改进工作。

（三）完善绩效管理

完善绩效管理制度，从考核、评价、奖惩各个方面增强激励和约束，这是促进全面正确履行政府职能的有效措施。要加强对重大决策部署落实、部门职责履行、重点工作推进以及政府自身建设等方面的考核评估，加强行政问责，严格责任追究，健全纠错制度，不断提高政府的公信力和执行力。

目　录

第一篇　经济发展与宏观调控

第二篇　国际经济与中外合作

第三篇　产业发展与资源开发

第四篇　改革创新与社会建设

第五篇　城镇发展与交通运输

第一篇　经济发展与宏观调控

以提高经济增长质量和效益为中心

王一鸣

内容提要

我国经济在中高端技术领域受到发达经济体越来越大的竞争压力，在低端技术领域则面临要素成本更低的新兴经济体的追赶竞争。加之我国发展阶段的变化，支撑我国经济增长的主要因素已经由生产能力的大规模扩张转向提高生产效率、提高技术进步对经济增长的贡献率。经济发展的主要任务已经由经济规模扩张为主转向提高经济增长质量和效益为主。这就要求把经济工作的重心转向深化改革开放和强化创新驱动，转向扩大内需和经济结构战略性调整，转向扩大就业和改善民生，转向实现绿色低碳发展。

去年底举行的中央经济工作会议明确指出，做好今年的经济工作，要以提高经济增长质量和效益为中心。学习贯彻中央经济工作会议精神，应深刻认识我国经济发展面临的新形势和新要求，以改革创新推动经济增长转入以提高质量和效益为中心的新轨道。

一、深刻认识我国经济发展面临的新形势

目前，国际金融危机已进入第六个年头，世界经济形势依然复杂严峻、充满变数。国际金融危机引发全球增长方式、供需关系和治理结构深刻调整，世界经济由危机前的快速发展期进入深度转型调整期，全球经济增长持续低迷，市场扩张速度明显放慢，贸易保护主义重新抬头，我国继续依靠扩大出口拉动经济增长的难度明显增大。西方主要国家加大科技投入和体制调整力度，产业变革孕育新突破，技术融合形成新态势，生产方式、分工体系和市场结构发生新变化。我国作为一个新兴大国，在中高端技术领域受到发达经

济体越来越大的竞争压力，在低端技术领域则面临要素成本更低的新兴经济体的追赶竞争，继续依靠大规模投入发展制造业进而推动经济增长的空间明显缩小。既有的国际经济政治格局被打破，反映发达国家与新兴经济体力量此消彼长的新格局尚在形成之中。我国要在更加激烈的国际竞争中把握主动权，必须以提高经济增长质量和效益为中心。正如中央经济工作会议指出的，从国际环境看，我们面临的机遇，不再是简单纳入全球分工体系、扩大出口、加快投资的传统机遇，而是倒逼我们扩大内需、提高创新能力、促进经济发展方式转变的新机遇。

从国内看，我国仍然具有难得的发展机遇和有利条件。国内市场潜力巨大，可以转化为经济增长的强劲动力。积极稳妥推进新型城镇化将创造新的消费和投资需求，为经济增长注入新的动力。沿海地区产业向中西部加快转移形成的动态比较优势，有利于经济更长时期保持较快增长态势。但也应看到，随着我国发展阶段的变化，劳动力、土地、矿产资源等生产要素低成本优势正在减弱，企业创新能力不强的问题进一步显现，生态环境约束持续强化。特别是随着我国人口结构发生变化，劳动年龄人口增长放缓，老龄化进程加快，储蓄率和投资率逐步调整，潜在增长水平趋于下降，经济增长下行压力和制造业产能相对过剩的矛盾趋于突出，依靠大规模增加资源和要素投入、不断扩大产能推动经济高速增长的路子越来越走不下去了。总体看，支撑我国经济增长的主要因素已经由生产能力的大规模扩张转向提高生产效率、提高技术进步对经济增长的贡献率，经济发展的主要任务已经由经济规模扩张为主转向提高经济增长质量和效益为主。在新形势下，以提高经济增长质量和效益为中心已经成为推动经济持续健康发展的必要条件。

二、提高经济增长质量和效益的内涵和要求

从宏观层面讲，提高经济增长质量，主要是提高国民经济投入产出率，提高劳动生产率，提高全要素生产率，提高资源利用率，增强经济增长的可持续性；提高经济增长效益，主要体现在劳动报酬和居民收入增长上，还体现在企业利润和财政收入增加上。以提高经济增长质量和效益为中心，并非不要数量和速度，而是要实现数量和质量、速度和效益的统一。提高经济增长质量和效益，需要保持一定的增长速度，否则提高质量和效益就无从谈起，增加就业、提高居民收入和改善民生就缺乏物质基础。以提高经济增长质量

和效益为中心，要求的是有质量有效益可持续的速度，是质量和效益不断提高的速度。

提高经济增长质量和效益，要求切实改变重数量轻质量、重速度轻效益的做法。改革开放以来，我国经济持续快速增长，但粗放特征比较明显，经济增长过多依靠投资拉动，投资率长期偏高，消费特别是居民消费不足，产业结构不合理，制造业产能相对过剩，重复建设问题严重。如果不尽快扭转这种高投入、低质量、低效益的粗放发展方式，发展成本就会越来越高，路子就会越走越窄，即使通过增加投入把速度提升起来，也是不可持续的。因此，必须痛下决心，从根本上改变重数量轻质量、重速度轻效益的做法。

提高经济增长质量和效益，要求着力提高劳动生产率，提高科技进步对经济增长的贡献率。改革开放以来，劳动生产率提高对经济增长发挥了重要作用，但过去劳动生产率提高主要得益于劳动力从生产率较低的农业部门向生产率较高的制造业和服务业内部转移。随着劳动力转移规模减小、速度下降，全社会劳动生产率提高速率减缓，继续增加劳动力投入又受到劳动力市场供需形势变化的制约。因此，必须下决心加大科技和人力资本投入，发挥科技进步对提升生产效率的关键作用，使经济发展更多依靠科技进步、劳动者素质提高、管理创新驱动。

提高经济增长质量和效益，要求提高资源利用效率，增强经济增长与资源环境的协调性。近年来，我国节能减排和生态环境建设取得明显进展，但单位产出的资源和能源消耗仍然偏高，环境污染仍然较重，经济发展付出的资源和环境代价仍然过大。必须下决心提高资源利用效率，充分利用资源环境约束的倒逼机制，把资源环境压力转化为技术进步、产业升级和发展方式转变的动力。

提高经济增长质量和效益，要求在经济增速放缓的条件下，创造比以往高速增长时期更高的效益。长期以来，我国经济“速度效益型”特征比较明显，企业利润和财政收入增长都建立在年均近10%的高速增长基础上。如何创造比以往高速增长时期更高的效益，是今后一个时期面临的重大课题，也对经济工作提出了新的更高的要求。

三、推动经济增长转入新轨道

以提高经济增长质量和效益为中心，要求把经济工作的重心转向深化改革开放和强化创新驱动，转向扩大内需和经济结构战略性调整，转向扩大就业和改善民生，转向实现绿色低碳发展，推动经济增长转入以提高质量和效益为中心的新轨道。

全面深化经济体制改革。深化改革是提高经济增长质量和效益的关键。应加快土地、技术、劳动力、资本等生产要素市场化改革，促进生产要素自由流动和优化配置，以更好地发挥我国资源要素潜力和综合配置优势。全面推进国有经济战略性调整，加快国有大型企业改革，鼓励、支持和引导非公有制经济发展，打破一些行业存在的“玻璃门”和“弹簧门”，强化产权保护，保证各种所有制经济公平参与市场竞争。深化财税和金融体制改革，改革资源环境税费制度，稳步推进利率和汇率市场化。

实施创新驱动发展战略。创新驱动是提高经济增长质量和效益的中心环节。应加快推进科技与经济的融合，促进市场导向的科技创新，增强科技对提高经济增长质量和效益的支撑能力。支持企业加强研发平台建设，鼓励科技要素向企业流动，引导资金、人才、技术等创新资源向企业集聚。特别是要加大对中小企业、微型企业技术创新的扶持力度，加快建立高校、科研院所技术向企业转移机制。加强知识产权保护力度。积极探索创新人才的培养和激励机制，强化创新驱动的教育和人才基础。

推进经济结构战略性调整。结构调整是提高经济增长质量和效益的重要举措。应把经济增长建立在持续扩大内需和改善民生基础上，增强消费对经济增长的基础性拉动作用。城镇化是扩大内需的最大潜力所在。应把有序推进农业转移人口市民化作为重点，鼓励有条件的城镇吸纳农业转移人口就地落户，鼓励中小城市和小城镇产业集聚发展，促进农业转移人口就近转移就业，着力提高城镇化质量。把化解产能过剩矛盾作为重点，加快淘汰高消耗、高排放、低附加值的落后产能，推动产业重组、技术进步、管理创新和布局优化，促进产业从价值链低端向中高端延伸，提升产业整体素质。

更加注重扩大就业和改善民生。改善民生是提高经济增长质量和效益的重要体现。应健全城乡公共就业服务体系，鼓励发展就业容量大的服务业、中小企业和民营经济，创造更多的就业机会。着力调整收入分配格局，努力实现居民收入增长与经济发展同步、劳动报酬增长与劳动生产率提高同步，加快形成更加兼顾公平与效率的收入分配制度，创造条件让全体社会成员通过诚实劳动、合法经营和公平竞争富起来。

积极推动绿色低碳发展。绿色低碳发展是提高经济增长质量和效益的重要途径。应推动能源生产和利用方式变革，控制能源消费总量，大力发展清洁能源和可再生能源，扩大并网风电和光伏发电规模。加强节能与提高能效技术的研发和产业化投入，加强工业节能技术改造，加快建设以低碳为特征的工业、建筑和交通体系。

（本文原载《人民日报》2013年1月14日理论版）

下一个十年发展思路[①]

陈东琪

内容提要

下一个十年（2011～2020年），是全面建成小康社会的关键十年，更是富民强国、确立全球性大国地位的突破十年。这十年的成败与否，决定着前30年改革开放推动的国家复兴之路能否延续，和下一个四十年（共和国成立100周年的2049年）“由大变强”转型升级能否成功。为此，我们需要对下一个十年的战略目标、攻关任务和发展路径进行全面谋划。

从2011年到2020年，是我国实现“三步走”现代化进程第三阶段战略目标承上启下、继往开来的十年，是体制机制改革深度攻坚的十年，是实现全面小康的关键十年，也是确立全球性领袖国家地位的力量积蓄阶段，其成败与否决定着前三十年改革开放的成果能否得以传承，以及我国到2049年的发展是否会走弯路。

一、富民强国的关键时期

（一）建国以来的发展历程回顾

新中国成立六十年来，我国经济社会发展取得了举世瞩目的成就。这六十年可分为两个时期：从建国到十一届三中全会前为社会主义革命和建设时

---

① 这是作者为编制“十二五规划”提供的一篇内部报告，现在首次发表，供“十三五规划”研究编写人员参考。

期，十一届三中全会以来为改革开放和现代化建设新时期。前“三十年”为后“三十年”奠定了根本政治前提和制度基础；后“三十年”是前“三十年”的延续、校正和创新性发展。

在前三十年（1950～1979年）中，我国的经济社会各方面取得了旧中国无法比拟的快速发展。“我们尽管犯过一些错误，但我们还是在三十年间取得了旧中国几百年、几千年所没有取得过的进步。我们的经济建设曾经有过较快的发展。”① 虽然因为各种原因经济出现了强烈的波动，但经济总量和人民生活水平较之旧中国取得了长足的进步，也为进一步的发展初步奠定了政治前提和制度基础。

后三十年可进一步分为前二十年和后十年两个阶段。

经过二十来年的改革开放，推动了我国经济持续快速发展，综合国力明显提升。从1980年到2000年，我国的国内生产总值从4500亿元增长到10多万亿元，经济增速大大快于同期世界经济的增长，总量跃居世界第六位，经济结构战略性调整取得了一定成效。财政收入快速增长，主要农产品供给实现了由短缺到总量平衡、丰年有余的历史性转变，城镇化步伐加快，人民生活总体上迈入小康，初步建立了社会主义市场经济体制，为实现第三步战略目标打下了较好的经济和制度基础。

党的十六大着眼于我国长远发展前景，提出了全面建设小康社会的奋斗目标，并就全面建设小康社会做出了具体的战略部署。十六大报告首先对当时的小康水平做了重要评价：“经过全党和全国各族人民的共同努力，我们胜利实现了现代化建设‘三步走’战略的第一步、第二步目标，人民生活总体上达到小康水平。这是社会主义制度的伟大胜利，是中华民族发展史上一个新的里程碑。”但是，从我国的国情来看，现在达到的小康还是低水平的、不全面的、发展很不平衡的小康。根据这种实际情况，十六大对全面建设小康社会做出了新部署。十六大报告指出：“我们要在21世纪头20年，集中力量，全面建设惠及十几亿人口的更高水平的小康社会，使经济更加发展、民主更加健全、科教更加进步、文化更加繁荣、社会更加和谐、人民生活更加殷实。经过这个阶段的建设，再继续奋斗几十年，到21世纪中叶基本实现现代化，把我国建成富强、民主、文明的社会主义国家。”

现在看来，当时党中央对小康社会和现代化建设进程的判断是很准确的，所提出的目标也非常切合实际，经过努力完全能够实现。从2001年至

① 《邓小平文选》第2卷，第167页。

2010年，也即入世后头十年，可以说我国面临的外部环境中机遇大于挑战。根据十六大的重要部署，我们较好地把握住了发展机遇，利用好了发展的黄金期，促进经济社会发展上了一个又一个大的台阶。这十年中，始终坚持以科学发展观为指导，经济社会发展成就斐然，创造的财富总量数倍于过去三十年。截至2010年，我国的经济总量已超过英国、德国、日本等国家位居世界第二位，占世界的比重也在不断提高，人均国内生产总值达到3500美元以上。

（二）未来十年是富民强国的关键期

到2020年，将迎来新中国成立七十年。这十年总体上要全面推进落实科学发展观，提升市场文明、社会文明、生态文明和精神文明、政治文明水平，实现全面小康，促进人的全面发展。这十年将是中国城市化加快发展时期，城市化率可望由现在的50%左右上升到60%左右。随着城市化的快速发展，经济结构将发生重大变化，工业化基本完成，第三产业比重和消费比重将明显提高，以内需为主特别是消费为主要拉动力的经济增长模式得以形成，经济增长的内生性将明显增强。

（三）展望2050年

在科学发展观指导下，再过四十年，在新中国成立百年之际，中国的经济规模将实现大幅增长，由于人口峰值可能不超过15亿，届时人均GDP可望超过10万美元，进入中等发达国家行列。形成强大的国家竞争力，广大的农村地区将不再是落后的代名词，而将以更加集约的发展模式、更高的劳动生产率和更加优美的生态环境展现出社会主义新农村的全新面貌。

届时，中国基本进入产业现代化发展阶段，创新国家成为现实，中国不再是世界的加工厂，一大批享誉全球的企业将成为行业领跑者和标准制定者。公平竞争的市场经济完全形成，各类影响资源合理配置的制度障碍和进入壁垒得以消除，各种经济成分的企业将成为吸纳就业和推动经济增长的主要力量。随着经济的发展和改革的深化，人民生活的水平和质量明显提升。

经济持续30年年均10%的高增长，使我国已成为世界第二大经济体，这既得益于自身内部条件的不断改善，也与外部良好的发展环境密切相关。展望未来10年发展环境，世界经济形势将变得更加错综复杂，全球经济格局也将发生深刻变化，这既使我国经济发展面临更多风险、挑战及不确定性，也会给我国经济发展带来诸多重大机遇。

二、发展环境

（一）世界经济将进入相对较低的增长期

随着发达经济体和新兴经济体的先后发力，世界经济发展经历了一波中波繁荣，1981～2010年的30年，世界经济年均增长达到3.4%。但由于国际金融危机和欧美债务危机的严重冲击，全球经济发展模式面临新的调整，经济发展的不确定性明显增多，未来一段时期，世界经济继续保持较快增长的难度较大。

1. 以“美欧”为代表的发达经济持续增长难度加大

国际金融危机和主权债务危机已使欧美发达经济体近三年来的经济增长明显减速，特别是在2009年出现了全面衰退①，从发展前景看，欧美发达国家经济发展仍将面临一个艰难复杂的爬坡过程。

短期内，金融危机和主权债务危机所导致的大量不良资产的处置和资产负债表的平衡过程难以解决，将制约实体经济的发展。一方面，在较大的减赤和减债（双减）双重压力下，欧美发达国家的政府不得不压缩军费等公共开支，社会福利“去泡沫化”也将导致公共需求趋于下降；另一方面，金融机构也面临着巨大的“去杠杆化”压力，信贷融资条件将变得更加苛刻，融资不足将制约投资需求的扩大。

中长期内，金融危机和主权债务危机重创了发达国家经济体系，使发达国家经济发展模式面临重新调整。一方面，发达国家考虑自身经济的再平衡，将转变负债型消费型增长模式，必将提高储蓄率和降低消费率，消费对经济的拉动作用将明显减弱；另一方面，随着以新兴经济体为代表的发展中国家信息产品市场的日趋饱和，全球信息化步伐将有所放缓，发展中国家对发达国家高技术产品的出口需求也将减少，而科技创新和技术进步要取得突破性进展并带来的新的增长动力，更是需要一个长期的过程。

2. 以“金砖国家”为代表的新兴经济中期增速放缓

21世纪以来，包括中国在内的“金砖国家”等新兴经济体经济呈现高速

---

① 2009年，世界三大发达经济体全面衰退，其中美国增长－2.6%，欧元区增长－4.1%，日本增长－5.2%。

增长趋势[①]，为同期世界经济增长做出较大贡献。虽然新兴经济体虽增长仍前景较为乐观，但受其经济发展模式限制和自身发展内部条件约束，将影响到其经济发展速度和进程。

从总体上看，新兴市场经济体的共同问题是产品对国际市场出口有严重依赖性。一方面，主要发达经济体需求萎缩，贸易保护主义抬头，技术壁垒、绿色壁垒等新贸易壁垒层出不穷，将抑制国际贸易流量的增长，进而使新兴经济体出口空间遭受挤压；另一方面，虽然新兴经济体人口众多，劳动力丰富且相对廉价，但人口增长放慢趋势明显，不但会影响其国内消费增长，也将导致国内劳动力价格上升，进而增加企业生产成本，降低其出口产品的国际竞争力。

从国别来看，印度的基础设施建设滞后，面临较大的发展型瓶颈；巴西制造业总体不强，面临较大的增长型瓶颈；俄罗斯能源资源出口依赖特征明显，面临较大的国际市场风险和不确定性；中国则面临日益强化的资源环境约束，节能减排任务加大将使经济增长空间受到一定的挤压。

综合来看，由于受金融及债务风险、成本及通胀风险、贸易条件变化等因素的影响，约占世界经济总量60%以上[②]的主要发达经济体和新兴经济体增长面临减速，世界经济增长将进入适度调整时期。同时由于中东北非等动荡冲击持续不断，类似20世纪70～80年代滞胀的复杂局面也有可能在世界范围重现。我们预计，2012～2020年，世界经济平均增速可能降到3%以内，明显低于21世纪头10年年均3.6%的增长率。

（二）全球经济转型和结构变化将明显加快

1. 世界经济发展模式面临重大转型

国际金融危机和主权债务危机对世界经济原有的发展模式、结构和动力机制的产生了严重的冲击，也充分暴露了以美国为代表的发达国家崇尚自由竞争、放任过度消费和负债消费型增长模式与以东亚国家为代表的过剩生产型增长模式的不合理性。在认识到全球经济失衡带来的严重问题后，世界各国纷纷寻求一种新的经济发展模式，以促使全球经济实现再平衡。目前新兴市场国家正在沿着扩大内需、提高国内消费率的路径展开调整，而发达国家

① 2001～2010年，“金砖四国”中国、印度、俄罗斯和巴西10年的年均增长率分别为10.5%、7.4%、4.9%和3.7%，明显高于同期发达国家和世界经济的增长率。

② 统计数据显示，2010年美、中、日、德、法、英、巴、意、印9国GDP总量之和占世界经济的比重达到63.6%。

则是从低储蓄、高负债为特征的发展模式向适度储蓄和负债发展模式转变。

2. 全球产业结构面临重大调整

以美国为代表的发达国家在认识到虚拟经济泡沫、实体经济过弱造成严重后果后，决定重新发展制造业。美国提出了“再工业化”战略，重新把鼓励扩大出口放在了经济政策的重要地位，把电子信息、航空航天等高技术产业以及生物、新能源、新材料等新兴产业作为重振制造业的重点，并大力推动相关领域的技术进展。其实质是利用技术，培育起能够支撑经济增长的高端制造业，这将促使全球产业和技术领域的进入新一轮大调整，也有利于加快传统产业的跨国转移，从而影响到全球产业发展的分工格局，并推动全球产业转移进入多级平行推进、结构高度化、链群转移的新阶段。

3. 全球经济格局面临重大变化

发达国家的工业化和城市化已经完成，人口结构日益老化，劳动生产率增长趋缓，将相继陷入低迷增长不是偶然的。而新兴市场国家的工业化和城市化方兴未艾，人力资本积累水平逐步提高，经济发展前景较好。发达经济体与新兴经济体之间“差速增长”使近年来新兴经济体在全球经济中的份额将不断上升，可能成为未来全球经济增长的主导力量。因此，新兴经济体将凭借其增长优势、总量地位，谋求更多话语权，进一步缩小与发达国家差距，优化国际利益分配地位，进而引起国际体系的再调整。

（三）世界经济发展面临更大的挑战和风险

1. 发达国家金融风险可能继续深化

2011 年，欧美债务危机已对世界经济和全球金融市场产生严重的冲击。虽然美国债务风波因债务上限的上调而暂获平息，但债务过高的问题并没有获得最终解决；而欧债危机所引发的多米诺骨牌效应越扩越大，已呈现向欧元区核心国家蔓延的态势。从目前发展态势看，这两场性质基本相同的债务危机，已经造成了美元的持续贬值，并使新兴市场国家面临较为严峻的通胀形势，风险还有一步放大的趋势，进而可能引发新一轮的银行系统性风险，并给世界经济发展带来更大程度的不确定性。

2. 全球大宗资源和能源安全风险将明显放大

随着未来全球经济规模的不断扩大，国际大宗资源和能源需求将持续增长，虽然一些国际机构预计未来 20 年，全球大宗资源和能源供需将保持总体平衡，但由于地域分布上的不均衡性，导致任何一国都不能完全依靠自身资源满足经济发展的需要，因而大宗资源和能源全球化战略将成为各国的必然选择。在这种条件下，大宗资源和能源的争夺战和能源运输方面的制裁与反制裁斗争也将愈演愈烈。

3. 发达国家和新兴市场国家的科技创新竞争将日益加剧

历史经验表明，大的经济危机往往催生重大科技革命，依靠科技创新培育新的经济增长点，创新增长模式。当前新能源（低碳）、新材料和生物技术等将极有可能逐步取代信息技术成为推动产业发展的主要动力。为抢占制高点，欧美日等发达国家重视发展绿色经济、低碳经济，优先发展新能源和环保产业等，正酝酿突破；俄罗斯、中国等发展中国家也纷纷制定并出台了支持新能源技术和生物技术措施。然而在该领域，发展中国家与发达国家基本站在同一起跑线上。因此，未来一段时期，全球科技竞争将会变得更加激烈。

（四）外部发展环境变化给我国经济发展带来了重大机遇

由于世界经济调整以及不同板块此消彼长变化，我国与主要发达国家力量对比及景气周期差异等原因，国际经济环境的深刻变化，也将为我国经济和产业发展带来前所未有的历史性机遇。

第一，全球经济减速加大了我国经济发展方式转变的动力。一方面，国际贸易保护主义抬头，针对性我国出口产品的各种限制措施会明显增加，我国可能面临持续低迷的外部需求，稳定出口市场和份额的难度将加大，将倒逼我国经济从出口主导向内需主导转变；另一方面，全球经济调整也孕育着新的科技和产业革命，特别在全球日益重视气候变化背景下，国际社会要求我国承担减排责任也在加大，将迫使我国改变依靠要素投入的高能耗、高污染的粗放型发展模式，增强科技创新能力，提升产业竞争力，向更加节约、环保与和谐的内涵型发展方式转变。

第二，全球产业结构的调整和重组，有利于促进我国企业转型升级。随着经济全球化的纵深推进，将促进国际资本和产业在更大范围、更大规模和更深层次上进行转移。我国作为世界最大的发展中经济体，是跨国公司投资和国际产业转移的最佳目的地之一，加大对金融、商贸和物流等现代服务产业转移的承接力度，引进跨国公司先进的技术、治理结构、供应链模式，有利于促进我国企业提升产业国际分工地位。

第三，金融危机和债务危机引发全球范围内融资困难，给中国资本全方位有效地“走出去”创造有利条件。当前我国国民储蓄多、国际储备大，企业有资金优势，在全球能源和矿产价格走低、企业资产缩水和价值低估的条件下，有利于我国企业加快“走出去”步伐，扩大对外投资规模，加强对国内企业和矿产开采权等兼并收购，更好地推进两种资源、两个市场融合发展，以国内市场换取国际资源，以国际资源推动国内市场发展。

三、战略目标

从2011年到2020年这一阶段的主要战略目标是要全面实现小康，显著增强我国的综合国力，实现富民强国，为进入高收入国家行列奠定坚实基础。要继续以科学发展观统领经济社会发展全局，全面提升市场文明、社会文明、生态文明和精神文明、政治文明水平，显著提高民众物质文化生活水平，顺利实现人的全面发展，使广大民众共享经济社会发展成果。

（一）实现全面小康

到2020年，经济实现稳定增长，总量规模接近美国。覆盖城市各收入阶层，涵括市民和农民的公共服务均等化程度显著提高，收入和发展差距扩大趋势得到遏制，社会矛盾明显缓解，建成高收入、高教育水平和健康国家。国民预期受教育年限接近15年。城乡居民收入大幅增加，地区、城乡、贫富差距全面缩小。收入分配格局更为合理有序，贫困人口大幅减少，绝对贫困现象基本消除。全面小康实现程度指数达到100%。

1. 经济规模中速增长

随着人口红利的逐步消失，我国经济增长速度也会逐步放缓，经济周期性波动的峰谷值趋于收敛，中值下移，但这并不影响我国国内生产总值比2000年翻两番的目标提前实现。考虑到物价和汇率变动的因素，预计我国的国内生产总值2020年达到100多万亿元人民币左右（当年价），人均GDP将超过12000美元，内需增长加快，消费结构实现升级。形成世界最大的消费市场和进出口市场，国内市场总体规模位居世界首位，建成世界最现代的基础设施体系，综合国力大为增强，为真正意义上的世界经济强国打下坚实基础。

2. 全民福利国家基本建成

为使民众更好地分享经济社会发展成果，既要提高全民福利水平，又要吸取西方福利国家的经验教训，社会福利程度一定要与经济发展的阶段性特征相适应，避免福利国家的所谓“社保病”。初步建成全世界最大规模，覆盖城乡、不同区域、不同人群的高水平的社会保障体系，以基本养老、基本医疗、失业、最低生活保障制度为重点的社会保障基本实现全覆盖，实现人人“学有所教、病有所医、劳有所得、老有所养、住有所居”。居住条件普遍得到明显改善，住房保障制度进一步健全，城市低收入家庭住房困难基本解决。在生活质量不断改善的同时，各种健康风险和各类急、慢性病发病率明显降低，主要健康指标达到高收入国家水平，人口预期寿命将提高到75岁以上。防灾减灾能力进一步增强，社会治安和安全生产状况进一步好转。

3. 中等收入群体扩大

提高中等收入者比重，合理增加居民收入意义非常重大，这将成为中国未来30年从国富到民富转型的关键点。为防止陷入“中等收入陷阱”，改变财富分配不合理，收入差距过大的局面，要通过不断提高劳动者素质、鼓励创业等方式，充分体现效率优先、兼顾公平原则，让更多民众分享改革和发展成果，培育壮大中等收入者队伍。促使按劳分配与按生产要素分配更好地结合，进一步强化收入分配的宏观调控力度，大幅提高农民收入，其中多数人成为中等收入者。使更多有知识、有技能、有特长、懂管理的人能进入到中等收入阶层。最终实现社会职业结构的转换，即由以蓝领为主体的职业结构变成以白领为主体的职业结构；各阶层群众通过诚实劳动和合法经营先富起来。改变“金字塔”形的个人收入结构，形成两头小，中间大的“橄榄”型的个人收入分配结构。

4. 可持续发展能力明显增强

改善生态环境、增强可持续发展能力也是实现全面小康的一个重要方面。到2020年，要基本实现人与自然和谐发展，走出一条绿色、低碳、可持续的发展道路。全国总人口控制在14亿人左右，耕地保有量保持在1.2亿公顷。资源利用效率显著提高，有利于节约资源和保护环境的产业结构、生产方式和消费模式基本构建。生态保护与修复明显加强，森林碳汇快速增加，人均碳排放水平稳步下降，应对气候变化能力全面增强。森林覆盖率达到25%，森林蓄积量达到160亿立方米，成为世界最大的人工森林碳汇国。主要污染物排放总量显著减少，年均空气质量标准达到二级以上城市比例提高到95%以上，形成青山、碧水、蓝天的优美生态环境。非化石能源消费比例达到25%左右，建成世界最大的绿色能源国家。

（二）大幅提升综合国力

在经济总量规模大幅增长的基础上，经济结构调整优化、国防军队建设、创新能力提升等方面进展加快，显著提升综合国力。

1. 现代产业体系构建完善

到2020年，产业结构不断调整优化，国民经济发展的协调性大为增强。新型工业化顺利推进，战略性新兴产业取得突破性进展，高新技术产业比重大幅上升。总体工业化进程进入到后工业化初步水平，长三角、珠三角、京津冀等地区进入到后工业化中期水平，中部地区基本达到后工业化门槛，西部地区进入工业化中后期。基本实现经济结构向以服务经济为主的转变，服务业增加值占GDP的比重超过50%。服务业内部结构得到优化，就业容量显著增加，市场竞争力显著增强，总体发展水平基本与全面建设小康社会的要求相适应。以信息化促进农业现代化取得成效，农业实现相对集约高效发展，耕作机械化水平大为提高，主要粮食产区农业科技和信息化提高，基本实现市场化、规模化经营，土地生产能力和效益大幅提升。

2. 国防军事现代化基本实现

强国必强军，没有强大的国防，就没有国家的长治久安。仅仅强调富国，是永远成不了强国的。要把国防实力作为综合国力中的重要力量来发展，建设与大国地位相适应的国防力量。在全面建设小康社会进程中实现富国和强军的统一，将国防和军队现代化建设融入国家经济社会发展进程。到2020年，要力争实现军队革命化、现代化、正规化建设全面加强，军队机械化信息化复合发展加快，以打赢信息化条件下局部战争能力为核心的多样化军事任务能力不断提高。国防和军队改革逐步深化，领导管理体制趋于优化，联合作战指挥体制不断健全，新型作战力量得到发展，军事理论、军事技术、军事组织、军事管理不断创新。军工核心能力建设实现跨越，现代化的国防科技工业体系初步构筑。军民产业融合式发展基本实现，武器装备科研生产体系、军队人才培养体系、军队保障体系和国防动员体系逐步完善。全民国防教育进一步深化，后备力量建设全面加强。

3. 创新能力显著提升

以创新能力建设提升国家综合竞争力。初步建成世界最强大的科技创新国，实现由物质要素投入驱动为主向创新驱动为主、由“中国制造”向“中国创造”转变。科技创新能力不断提升，国际刊物发表论文数大幅增加，高技术产品出口以及专利申请量占全球的比重达到25%左右，国际专利数量迅速上升，相当多的国内专利转化为国际专利。科技进步贡献率达到60%以上，R&D投入达到2.5%以上，企业真正成为投入主体，众多中国企业成为拥有核心技术和全球竞争力的行业龙头企业。

实现人口大国到人力资源大国的转变。人力资本积累不断增强，世界最多人才的创造力得到充分发挥，培养造就规模宏大、结构优化、布局合理、素质优良的人才队伍，成人平均受教育年限达到12年以上。人力资源竞争力大幅提升，人才竞争比较优势得到确立，进入世界人才强国行列，建成世界最大的人力资源强国，为在21世纪中叶基本实现社会主义现代化奠定人才基础。

（三）市场化提速现代化

1. 市场化体制机制基本形成

通过“价、税、财、金、法”五联动式的改革，全面完善社会主义市场经济体制。必须更加重视富民惠民，更加重视社会建设，更加重视生态环境，更加重视民主法制，更加重视社会主义精神文明建设。到2020年，改革攻坚基本完成，经济、政治、文化、社会等领域的体制机制更加完善，在重要领域和关键环节取得突破性进展。资源性产品价格形成机制进一步完善，民营经济和中小企业发展的体制机制障碍进一步消除。十几亿人民当家做主，拥有不同层级、不同形式广泛的政治、经济、社会、文化民主权利，各级政府决策和执行能力逐步提高，宏观调控方式和手段进一步完善。国家软实力进一步提升。

2. 高质量开放格局基本形成

下一步对外开放要特别注重提升质量、保护市场，总的原则是要对我有利，因为开放过度会对我国的产业安全带来风险。随着我国经济在全球地位的显著上升，对外经济关系有必要做出相应的调整，要推动开放格局向趋于平衡的方向发展，即从扩大出口为主转向扩大出口和扩大进口并重，从吸引外资为主转向吸引外资和资本输出并重。尤其是资本的输出，应成为经济大国对外经济关系战略性调整的重要任务，作为实现基本平衡开放格局的突破口。此外，也要促进人民币在国际货币体系中地位的提升，与国家的经济地位相匹配。

未来十年，我国的对外经济关系将更趋平衡，更好地融合到全球经济之中，国际影响力迅速上升，国际话语权进一步加强。我国作为国际金融中心的地位得以确立，人民币作为储备货币的地位基本稳固，人民币国际化过程顺利完成。进出口基本平衡，实现开放发展战略由外需向内需转型、由沿海开放向内陆开放转变，区域协作进一步加强，内外联动发展水平进一步提升，在更高层次上参与国际国内合作和竞争。

四、重点任务

深化体制机制创新，全面推进科学发展，在社会主义市场经济条件下实现“五个全面”，提高“五个文明”水平，核心是民生改善。

（一）全面完善社会主义市场经济体制，提高市场文明水平

推进价格、税收、金融、监管联动的深度市场化改革，建立充分竞争的市场机制，减少政府对市场的过度干预，切实发挥市场在资源配置中的作用，使我国社会主义市场经济体制走向成熟完善。

价格方面，由于商品市场的竞争机制以基本建立，达到了较高的市场化程度，相反要素市场化进程严重滞后，要素价格的非市场化决定，形成资源配置扭曲的主要原因。为此，价格改革重点要建立新的市场化的要素价格形成机制。在资源性产品生产领域，破除少数大企业垄断供给的局面，降低准入门槛，引入竞争机制。减少政府对价格的行政干预，取消石油、电煤等的政府定价权，由企业在市场条件下自主确定价格，政府只进行必要监管。取消政府对土地供应的数量限制，推进农村集体建设用地市场化，建立城乡统一的土地市场。

税收方面，现行税制存在过度依赖间接税导致地方政府投资冲动，直接税的收入调节功能弱，劳动报酬税负明显高于资本利得税负形成资产市场强烈的投机氛围等问题。下一步税制改革的方向是使税制由以促进效率为主向兼顾效率与公平转变，主要任务包括完善直接税制度，建立以家庭为对象、综合申报与分类扣除相结合的综合个人所得税制；尽快全面开征有利于调节财富再分配的房产税、遗产与赠与税等，建立财产税制；开征资本利得税；逐步降低增值税、营业税税率，动态调整消费税税目税率。

金融方面，当前未完全市场化的资金价格即利率决定机制，以及集中度较高的银行体系，导致大型银行利用垄断权力获取高利差收益，侵害实体经济和储蓄者利益，加剧信贷配给，使中小企业融资难问题长期难以缓解。因此，必须坚持金融领域改革的市场化方向，进一步推进利率和汇率市场化改革，建立市场配置资金的有效机制；大力发展中小金融机构，给予运作较为规范、风险可控的民间金融机构合法地位，促进金融服务的多元化供给；放松资本市场管制，提高直接金融配置资源的效率；加快上海和香港国际金融中心建设，推进人民币国际化进程。

监管方面，在当前的政府监管中，仍然残留着很多计划经济的管理理念和手段，尤其是应对突发、紧急状况时，行政性、计划性的政策措施使用过多。必须加快政府监管向市场经济要求转变的步伐，从制度上避免计划管理手段的应用。要赋予监管机构相对独立的地位，彻底分离监管职能与股权关系、宏观调控职能，提高监管机构专业化程度，建立监管信息公开制度，促进监管透明化和公众参与。

（二）全面创新法治建设，提高政治文明水平

以法治建设促进党、政、法协调统一，形成科学执政、民主执政、依法执政的良好机制，提高政治文明水平，保障经济发展、社会和谐。

法治建设方面，要全面落实依法治国基本方略，加快完善中国特色社会主义法律体系，加强和改进立法工作，建立健全立法后评估制度。维护法制权威，保障司法独立性，促进司法公正性。推进依法行政、公正廉洁执法。依法保护人民群众合法的财产权，注重弱势群体权益保障，加强司法救助和法律援助。深入开展普法宣传教育，增强全民法制观念，提升全民法律素质。

在利益群体多元的状态下，民主是能够调动各群体积极性的一种社会整合方式。在未来我国的经济社会发展中，加强民主政治建设是一项重要任务。要积极探索保障人民群众选举权、知情权、参与权、表达权、监督权的有效方式，引导公民依法行使权利和履行义务。大力推进决策科学化、民主化，增强决策透明度和公众参与度，把公众参与、专家论证、风险评估、合法性审查和集体讨论决定作为重大决策的必经程序。建立决策反馈纠偏记者和责任追求制度。加强基层民主政治建设，健全基层党组织领导的充满活力的城乡群众自治机制。完善以自我教育、自我管理、自我服务为主要目标的城乡居民民主管理制度。积极发展社会组织，发挥专业性社会组织依法参政议政的积极作用。

（三）全面改革社会管理方式，提高社会文明水平

推进收入分配制度改革和公共财政制度建设，缩小城乡间、地区间居民收入差距和福利差距，促进社会和谐发展。

我国现行收入分配制度不合理，表现在大分配格局中居民收入占比持续下降，居民部门内收入差距不断拉大，税收、社会保障等制度的收入分配调节功能也不够健全。社会公平状况的恶化，引起了基层社会矛盾的积累和尖锐化。改革完善收入分配制度，一方面要实现企业、居民和政府间大分配格

局的调整，提高居民收入所占比重。为此一是要健全有助于劳动者获得合理劳动报酬的一系列制度，包括劳资谈判和工资集体协商、工资支付监控、企业工资支付保证金等；二是要适度降低宏观税负，特别是通过降低流转税税率减轻居民的税收负担。另一方面要缩小居民内部收入差距，扩大中等收入阶层。这就要求税收、社保等制度充分发挥再分配职能。一是要改革个人所得税制度，尽快开征财产税和资本利得税；二是要完善社会保障制度，对低收入群体的保障标准要与居民收入总规模增长保持同步。

以公共财政制度作为支撑、形成全民福利体系，是社会文明的主要体现之一。我国财政制度还处在由建设财政向公共财政转型的过程中，社会福利体系特别是农村地区的社会福利体系仍在建设和完善中。未来为了缩小居民间的社会福利差距，一是要提高公共服务支出在财政支出中的比率，保障基本公共服务所需资金。二是要协调中央与地方的财政关系，适当上移基本公共服务的支出责任至中央或省级，特别是要逐步提高社会保障统筹层次，为人口流动中的社保转移接续提供条件；培育财产税成为地方财政的主体税种，扩大一般性转移支付规模和占比，允许地方政府以市政债券、PPP 等规范的融资模式为基础设施建设融资，增强地方政府提供公共服务的能力。三是要健全预算管理制度，形成由公共部门预算、社会保障预算、政府基金预算和国有资本经营预算组成的全面预算管理体系；建立编制、执行和监督“三权”分离、相互制衡的预算管理新机制，提高政府收支透明度，使公共财政服务于全民的效果得到有效监督。

（四）全面繁荣文化市场，提高精神文明水平

加强社会主义核心价值体系建设，大力发展文化产业和文化事业，进一步提高全民族文明素质，增强国家的文化软实力。

把公民思想道德和文明素质建设放到更加突出的位置，广泛开展社会主义核心价值体系教育实践活动，坚持用社会主义核心价值体系引领社会思潮。大力弘扬爱国主义、集体主义、社会主义思想，增强民族自尊心、自信心、自豪感。倡导社会主义荣辱观，加强社会公德、职业道德、家庭美德、个人品德教育。加快社会诚信体系建设，培育诚信和谐的文化氛围。加大知识产权保护力度，培育创新文化。

发展文化产业和文化事业，繁荣文化市场。完善文化产品评价体系和激励机制，把群众评价、专家评价和市场检验统一起来，形成科学的评价标准。加大优秀文化产品推广力度，发挥其积极的示范、引导作用。以公共财政为

支撑，构建公共文化服务体系，满足人民群众精神文化需求。

（五）全面改善生态环境，提高生态文明水平

以资源环境产权制度建设为基础，逐步建立起资源环境产权交易市场和价格形成机制，从制度上保障资源节约型和环境友好型社会的建设，推进可持续发展能力的提升。

在生态环境方面，我国面临的形势集中表现在资源利用效率低和生态环境持续恶化两方面。长期以来对经济发展速度的追求，对资源环境产生了较大负面影响，用于抑制这种影响的体制机制亟待建立，首要的具有基础性作用的是资源环境产权制度。要明确各级政府、企业和居民在矿产资源、水资源等开发利用及废气、污水、固废排放中的责权利，形成产权明晰、权责匹配、利益分配基本合理的制度。在此基础上，加快建立资源和环境要素产权交易市场，逐步形成市场化的资源环境要素价格决定机制。通过市场机制作用、发挥价格调节功能，形成节约利用资源、控制污染排放的有效激励，调整资源利用、污染排放主体的行为模式。

此外，要加快完善资源和环境等税收制度，扩大资源税征税范围，在对现行应税矿产品征税的基础上，将资源税征税范围扩大到水、森林和草场等非矿产资源；及时推出环境保护税，对排放废气、污水、废渣及产生噪音和电磁波污染的企业征收。以具体的政策措施体现政府在资源节约、环境保护方面的方针和导向，进一步加大对节约资源、保护环境的行为的激励作用。

（本文2011年底完成，预刊载《宏观经济管理》2014年第7期）

附表1　主要经济社会发展指标测算

类别	指标名称	2010年	2015年	2020年	2050年
经济发展	国内生产总值（亿元）	401202	742015	1250000	25100137
	人均国内生产总值（元）	29920	65000	85000	160000
	城镇化率（%）	49.95	55	60	75
人民生活	总人口（万人）	134091	137477	140000	150000
	城镇居民人均可支配收入（元）	19109.4	33000	50000	1200000
	农村居民人均纯收入（元）	5919.0	16000	35000	90000
资源环境	耕地保有量（亿公顷）	1.2	1.2	1.2	1.2
	单位GDP能耗降低（%）		18	15	
	主要污染物排放减少（%）		10	10	

注：2015年和2020年GDP按照12%的名义增速测算，实际增长为8%左右；2050年GDP按照12%的名义增速测算，实际增长为8%左右。2015和2020年总人口按年均增长5‰测算，我国到2050年人口总数峰值应不超过15亿。

附表2　全面建设小康社会统计监测指标体系（国家统计局发布）

监测指标	单位	权重（%）	标准值（2020年）
一、经济发展		29	
1. 人均GDP	美元	12	≥12000
2. R&D经费支出占GDP比重	%	4	≥2.5
3. 第三产业增加值占GDP比重	%	4	≥50
4. 城镇人口比重	%	5	≥60
5. 失业率（城镇）	%	4	≤6
二、社会和谐		15	

续附表 2

监测指标	单位	权重（%）	标准值（2020 年）
6. 基尼系数	—	2	≤0.4
7. 城乡居民收入比	以农为 1	2	≤2.80
8. 地区经济发展差异系数	%	2	≤60
9. 基本社会保险覆盖率	%	6	≥90
10. 高中阶段毕业生性别差异系数	%	3	=100
三、生活质量		19	
11. 居民人均可支配收入	元	6	≥15000
12. 市民恩格尔系数	%	3	≤39
13. 城乡人均住房使用面积	平方米	5	≥30
14. 5 岁以下儿童死亡率	‰	2	≤12
15. 平均预期寿命	岁	3	≥77
四、民主法制		11	
16. 公民民主权利满意度	%	5	≥90
17. 社会安全指数	%	6	≥95
五、文化教育		14	
18. 文化产业增加值占 GDP 比重	%	6	≥5
19. 居民文教娱乐服务支出占家庭消费支出比重	%	2	≥16
20. 平均受教育年限	年	6	≥10.5
六、资源环境		12	
21. 单位 GDP 能耗	吨标准煤/万元	4	≤0.84
22. 耕地面积指数	%	2	≥94
23. 环境质量指数	%	6	=100

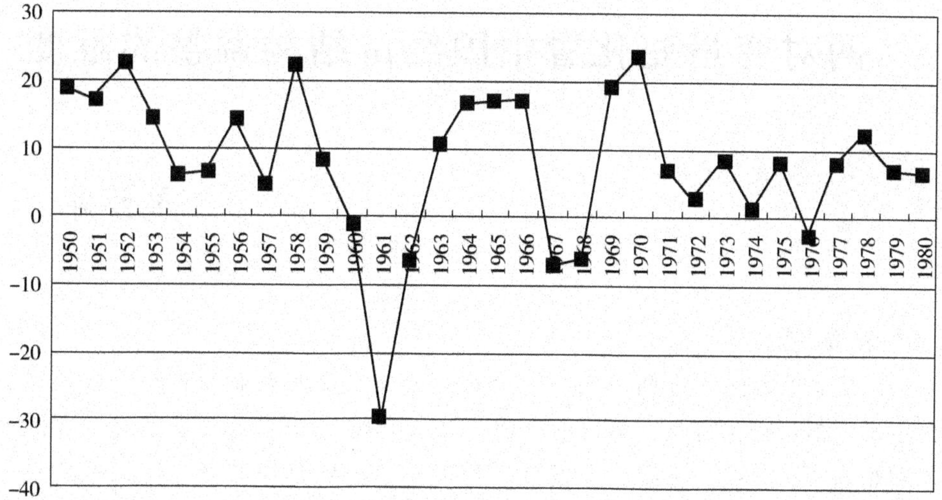

附图　1950～1980 年国民收入历年环比增长率波动

数据来源：陈东琪《强波经济论》，中国人民大学出版社 1991 年版。

从两对变量变化看中国经济结构调整的难度

马晓河

内容提要

从需求方面投资和消费、供给方面劳动密集型产业和新兴产业两对变量的多年变化特点，可以深入看出我国经济结构调整异常缓慢的原因和难题所在。在经济增长中投资是快变量，消费是快变量。投资的特点是少数人决策，集中投放，短期见效快。但消费是人人决策，分散支付，渐进式见效。而且，消费还由居民收入水平决定，收入水平高低、增长快慢都决定了消费不可能在短期内像投资一样快速增长。面对这些特点，只要投资有空间，只要政府和企业筹资能力不受限制，投资快速增长仍将继续改变需求结构。在国内外供求环境变化情况下，我国劳动密集型产业需求下降和被替代是快变量，新兴产业成长是慢变量，当新兴产业成长速度赶不上劳动密集产业被替代过程时，我国将会出现产业空心化。必须加快体制改革，不断消除制约消费增长的制度障碍；进一步改进和完善创新体系，加快新兴产业成长，用创新推动中国产业全面升级。

众所周知，十八大报告指出要推进经济结构战略性调整，其中改善需求结构、优化产业结构是两个重要方面。20 世纪 90 年代以来，我国在宏观层面上强调经济结构调整从来没有放松过，但在经济运行中我国的经济结构调整异常缓慢，甚至还出现了与我们的战略目标相背离的现象。为什么经济结构调整如此艰难，我们费了那么大的力气见效还是不明显？这还要从经济结构变化中两对变量特点来分析。

一、在经济增长中投资是快变量，消费是慢变量

第一对变量是需求结构中的投资和消费的关系。同消费相比，投资大多

是在政府和企业控制下完成的，这种特点就赋予投资是少数人决策，集中投放，短期见效快。因此，投资对经济增长往往表现为快变量。每当遇到经济危机时，政府常常利用投资手段刺激经济增长。但是，消费变量不同。在经济运行中，消费大多是在老百姓手中完成的（当然还有部分是政府消费），这就决定了消费是人人决策，分散支付，渐进式见效。而且，另一个特点是消费能力是由收入水平决定的，居民收入水平高低、增长快慢等，都决定了消费不可能在短期内出现同投资一样的大幅度增长。因此，消费对经济增长往往表现为慢变量。面对快和慢两个变量，只要投资还有空间，只要政府和企业的筹资能力不受限制，投资快速增长仍将继续改变需求结构的方向。

在现阶段，扩大内需要把消费作为战略重点，我们还面临着宏观和微观两方面的诸多难题。在宏观上，我国的国民收入分配结构有利于快变量－投资的增长，而不利于慢变量－消费的增长。根据我们的测算，1992 年以来，无论在国民收入初次分配还是再分配过程中，政府、企业两大主体收入占国民收入的比重不断上升，而居民收入所占比重下降。1992 年到 2010 年，在经过调整的国民收入分配格局中，政府、企业两大主体收入占国民收入比重由 33.69% 提高到 46.66%，而居民收入比重由 66.31% 下降到 53.35%。一般而言，在经济运行中，投资主体是政府和企业，消费主体是居民，国民收入分配向政府和企业倾斜显然有利于投资的扩张，居民收入比重下降必然不利于消费。

在微观上，我国居民阶层收入分配结构向高收入群体倾斜，有利于高收入群体将越来越多的钱存起来，导致储蓄增加，投资动力增强，而广大的中低收入群体由于收入不足，缺乏消费动力。根据统计资料，按照五等份分组考察城乡居民收入结构变化情况。结果发现，无论是城镇居民还是农村居民，2000 年以来凡是收入等级越高的家庭，居民人均收入增长速度就越快，2000 年到 2011 年，城乡 20% 的低收入家庭人均收入分别增长了 1.81 倍、1.5 倍，而 20% 的高收入家庭人均收入分别增长了 3.16 倍、2.23 倍，由此城乡内部低收入家庭与高收入家庭人均收入绝对差距分别由 2000 年的1：3.6和1：2.8扩大到1：5.4和1：8.4。由于高收入家庭收入增长越来越快于低收入家庭，导致了城乡阶层收入结构发生了明显变化。这里以城镇居民调查威力，如果城镇调查家庭总收入为 100，从 2000 年到 2011 年，城镇 40% 的低收入家庭收入占调查户收入比重分别由 26.58% 下降到 22.7%，而 20% 高收入家庭收入比重分别由 31.86% 上升到 37.6%。而在 2011 年，40% 低收入家庭人口占调查家庭人口比重为 43.7%，20% 高收入家庭人口占 17.7%。这就算是说，目前城镇40的低收入家庭收入只占城镇当年可支配收入总额的20%，而20%的高收入家庭收入占到40%。阶层收入结构向高收入家庭倾斜，明显有利于储蓄的增加，不利于消费的增长。因为，在经济生活中，中低收入户居民的消费倾向高，高收入户居民储蓄倾向高。这意味着，当不同群体的居民增加收入后，中低收入人群将更多的收入份额用于消费，而高收入群体将拿出比中低收入人群更多的收入份额用于储蓄。显然，这种阶层收入分配结构变化，推动了社会将越来越的资金用于储蓄进而带动了投资的高增长，最终投资的高增长又形成了庞大的产能过剩，而广大的中低收入人群由于收入增长相对缓慢，消费增长受到极大的抑制，最终使社会整体消费能力偏低。

显而易见，当前要调整需求结构，扩大内需并把消费作为战略重点，就必须在宏观和微观上彻底改变有利于投资而不利于消费的体制和政策安排。但是，我国有利于投资而不利于消费的体制和政策安排是历史形成的，具有系统性障碍和长期路径依赖，要在很短时间内迅速改变它还有相当大的难度。因为，这涉及财税体制改革，社会保障制度完善，国民收入分配结构调整，干部考核机制的再设计，以及中央政府与地方政府、政府与市场、政府企业与居民等关系的重新构建等问题。显然，如果不彻底对我国的体制进行改革，这些制约消费增长的障碍因素就不可能在短期内完全破除，最终我国调整需求结构的目标也难以很快实现。

二、在产业结构转型中劳动密集型产业被替代是快变量，新兴产业成长是慢变量

再从产业结构调整方面分析，它属于供给管理范畴。按人均国内生产总值衡量，我国经济发展已经达到上中等收入国家水平，但是从产业结构分析，我国还处在下中等收入国家水平，第二产业比重过高，第三产业比重过低，劳动密集型产业、资源型产业和重化工产业占主导地位，无论从工艺路线还是产业链看低端特征都很明显，产业生产长期超过国内需求，产业结构严重偏向制造业，服务业发展十分缓慢。下一步，中国要想向迈入高收入国家行列，就必须调整产业结构，在三次产业结构层次上，应不断降低第二产业的比重，持续提高第三产业比重，最终使我国产业结构转变成为以第三产业为主导的结构。在第二产业中，不断降低以劳动密集型、资源型为代表的低端产业发展比重，大力发展和提高以高加工度、技术密集型为代表的中高端产业比重，最终使我国制造业转变成为以高加工度、技术密集型产业为主导的

结构。

当前，中国调整产业结构面临问题是，一方面，国际市场上发达国家对中国的制造业产品需求在不断下降，而一些发展中国家又在不断发展同我国一样的劳动密集型和资源型产业，并将这些产品大量出口到发达国家，由此对中国形成了明显的供给替代效应。另一方面，国内劳动成本上升、人民币升值和土地、能源、原材料等价格上涨，都导致低端产业的成本迅速增加，盈利空间快速收缩。在此情况下，我国的劳动密集型产业和资源密集型产业出现了不断向东南亚、拉丁美洲甚至非洲转移。毫无疑问，低端产业需求下降和被替代是快变量，如何填补由低端产业快速变化留下来的空间？显然，答案非常明确，大力发展服务业，积极发展高加工度、技术密集型制造业。但是，受我国既有体制和产业特性决定，这些产业成长可能是慢变量，在短期内难以很快发展起来，去填补由低端产业快速转移或淘汰留下来的空间。

首先，从产业结构的第一层面看，扩大服务业发展规模，提高服务业比重，由于受到两方面的制约导致上升缓慢。一是我国服务业总量规模增长慢，关键是受到城乡二元户籍及其社会公共服务制度安排的阻碍，造成农业转移人口难以在城镇实现有效集聚。根据城镇化发展的一般规律，服务业的发展都是以人口的有效集聚为前提的，因为人口有效集聚使农业转移人口变为真正的市民后，他们在就业、就学、就医、养老、住房等方面能与市民享受一样的待遇，他们必然就能与城镇居民一样的消费，于是随着农业转移人口市民化，城镇消费规模便迅速扩张，城镇消费规模扩张必然带动服务业的发展。但是，在我国现有城乡二元制度条件下，数以亿计的农业转移人口进城后，既难以改变身份，也难以享受同城镇居民相同的公共服务，他们只是进城“打工仔”，对生产供给效用大，对城镇消费需求几乎没有多大带动作用。因此，只有彻底改革城乡二元制度，打破阻碍人口自由迁徙的羁绊，我国服务业才能实现正常发展。但是，有60多年积淀的城乡二元制度，在短期内不可能完全被打破，特大城市不可能也不敢在短期内对外来人口大开城门，其他大中小城市也不愿在短期内打开城门支持农业转移人口市民化。因为在既有体制安排下，各级城市政府在经济社会发展中利用的农业转移人口成本最低、收益最大，如果要将这些转移人口实现市民化，会突然增加城市政府的公共服务成本负担，这对任何城市政府来说都是难以接受的。显然，在农业转移人口市民化成本分担机制建立之前，城乡二元制度难改革，农业转移人口市民化进程也不会很快，服务业发展依然会受到传统体制的制约。二是我国生产性服务业发展缓慢，关键是受到我国制造业结构的影响。我国制造业在国际产业分工中被锁定在加工组装环节，所谓“两头在外”。对研发、设计、标准制定、知识产权和品牌服务、零部件供应、营销、售后服务等环节的需求大都延伸到国外。这种结构特征决定了，我国制造业发展主要拉动的是国外的生产性服务业，与国内生产性服务业关联度不大。显然，要想让国内生产性服务业加快发展，就必须将我国的制造业对服务业的需求调整为两头在内。显然，这种结构性矛盾也不是很快能化解的。

其次，从产业结构的第二层面看，制造业由以发展劳动密集型、资源密集型产业为主向以发展高加工、技术密集型产业为主转换，也是一种渐变过程。因为，以高加工、技术密集为代表的高端产业发展，需要技术创新，需要研发设计，需要工艺路线更新和产品结构调整，显然这种变化是革命性和渐进性的，所经历的时间周期要比发展劳动密集型产业长得多、难得多。一种自主研发的产品，从研发、中试到示范、推广，要经历一个漫长的过程。而发展劳动密集型产品或引进一条生产线所花费的时间是很少的。道理很清楚，高加工、高技术产业发展背后是研发创新在支撑，而研发创新背后又是科技人才即人力资本在支撑，但人力资本形成是渐进积累起来的。目前和今后一个时期，我国制造业结构转型升级试图依靠引进、吸收消化来完成是不现实的，必须更多地依赖原始自主创新。当前，在原始创新、集成创新和再创新中，我国集成创新和再创新做得比较好，因为这两种创新容易，只需要在学习和引进的基础上就能完成，而原始自主创新十分薄弱。这就导致了我国产业发展总是跟在世界发达国家后面不断地学习和引进，不断地模仿和复制。因此，我国产业结构转型升级关键在于要建立以原始自主创新为主的自主创新体系，这种创新体系的建立是系统性的，它需要有鼓励创新的体制、政策，需要有创新的社会主体，需要有搭配合理的人才结构，既包括培育领军人才、工程师、技术人员，也包括培训技能工人。因此，相对于劳动密集型、资源密集型产业而言，高加工、技术密集型产业发展需要的条件复杂，系统性强，其成长是一种慢变量。作为慢变量，当这种成长速度赶不上劳动密集、资源密集型产业被替代、淘汰的过程，我国将有可能出现产业空心化。一旦出现产业空心化，我国社会就业矛盾、底层群体的基本生活问题都将暴露出来。届时，中国的经济结构问题将转化成社会结构甚至是政治结构问题。

三、结论和建议

本文的结论和建议是，必须加快体制改革，从财税体制、社会保障制度、国民收入分配制度、干部考核机制上进行整体设计，科学调整中央政府与地方政府的关系、政府与市场的关系、政府企业与居民的关系，不断消除制约消费增长的障碍因素，促进消费回归常规增长。加快改革城乡二元制度，破除阻碍农业转移人口市民化体制羁绊，创建农业转移人口市民化的成本分担机制，推进以人为本的新型城镇化，用新型城镇化带动消费增长和服务业发展。进一步改进我国的创新体制与政策，建立一个以原始自主创新为主的创新体系，营造创新至上的社会环境，减少种种抑制创新的审批和管制，支持不同所有制企业间公平竞争，精心设计新的激励机制，鼓励研发创新和成果推广应用。用创新推动中国在整个价值链上实现产业全面升级。

（本文原载《新华文摘》2014 年第 14 期）

探索经济发展新阶段“稳增长”的新思路

宋　立

内容提要

在世界经济格局、我国发展阶段和比较优势变化情况下，稳增长不能沿用单纯依靠扩大投资、刺激消费的传统思路，必须创新调控思路和政策组合。应将需求管理和供给管理并重，短期治标措施和中长期治本措施并举。短期“稳增长”重点在于需求管理，要适当弥补公共投资欠账，并释放刚性消费需求。中长期来看，要顺应比较优势变化，着力构建新的内在稳定增长机制。积极财政政策应该也可以发挥更加积极的作用，可适当扩大赤字规模，以支撑结构性减税、加速折旧以及研发补贴等。引导民间投资，同时适当加大基础设施薄弱环节、城乡民生领域及三农领域等公共投资。货币政策要正确认识我国货币信贷存量，消除顾虑，发挥应有作用，增量和存量手段并用，保持必要流动性。

2010 年 2 季度以来，我国经济增长速度出现明显的逐季下降趋势，改变了危机后我国“V”型强劲反弹、率先复苏的局面。2012 年 2 季度以来，经济增长率持续下降跌破 8%，低于当前一般认可的 8% ~9% 的潜在增长水平，出现了经济增长轨迹向“V + U”甚至“V + L”转变的趋势。今年一季度经济增长同样出乎预料，反转下行。短期来看，如果世界经济没有明显的好转或我国宏观政策不做大的调整，经济增长将继续当前的低迷局面。

一、周期与结构矛盾交织局面需要供求并重一揽子政策组合

经济增长速度下降，不仅引起了各界对短期宏观经济形势的高度关注，也在一定意义上引发了对我国中长期经济增长前景的讨论，甚至对经济急剧

大幅度减速的担忧。越来越多的声音呼吁适当进行政策松动，以刺激投资和消费需求，但也有不少声音认为当前经济“不差钱”，不能走传统刺激经济的老路，而应主推结构调整和体制改革。

从理论上说，如果单纯因为周期性因素导致经济下行，则只需要短期需求管理政策来刺激投资和消费需求即可。如果仅仅是潜在增长率下降导致经济减速，则着力进行结构性调整。但从我国的实际情况来看，当前的经济增长率下降，是多种因素共同作用而非单一因素作用的结果。既是世界经济低迷、外需不振的必然结果，又是我国前期抑制输入性通货膨胀压力的“反通胀”政策的滞后效应。可能也与我国比较优势变化、出口竞争力下降、潜在增长率下降有关。在此情况下，“稳增长”短期需求管理措施必不可少，但考虑到比较优势变化等结构性因素，不能简单寄希望于等待周期性变化带来的自动回升，不能简单沿用以往的传统思路和调控方法，需要也必须创新调控思路与政策组合。

在世界经济深度调整、我国比较优势变化、潜在增长率开始下降的情况下，如果简单利用单纯扩大投资和消费需求的凯恩斯主义方法，虽然能够达到短期稳增长的目的，但难以实现中长期持续回升，还有可能带来过剩产能延续、结构调整延缓，以及通货膨胀上升、财政金融风险累积等副作用。但如果仅仅进行中长期结构调整，虽然可以有效化解过剩产能，但也有可能导致受周期性因素影响的非产能过剩行业企业丢失市场份额，失去中长期发展机会。因此，多管齐下，需求管理和供给管理并重，短期治标措施和中长期治本措施并举，尤其需要在需求管理之外，加大创新和结构调整力度来构造结构性优势，以应对未来将越来越明显的结构性变化。近期要以扩大薄弱环节公共投资、释放刚性住房消费等为先导，中长期要以支持企业设备更新、研究开发等为重点，形成长短结合的一揽子调控政策组合。

短期来看，“稳增长”要以需求管理为主，将前期“稳物价”时期人为压制的需求尤其是薄弱环节投资需求和刚性消费需求等释放出来。在经济过热时期适当压压投资和消费需求是必要的，但在经济相对低迷时期则需要适当释放投资和消费需求。虽然近年来投资比重比较大，但基础设施薄弱环节、城乡民生领域、三农领域等投资欠账仍然较多，经济相对低迷时期理论上正是补投资欠账的最好时机。从消费来看，住房需求是现阶段城市居民消费升级的关键和农村居民消费升级的新增长点，在一定意义上可以说，释放城乡住房升级需求是当前扩大消费的唯一有效途径，应该成为现阶段稳增长的首要选择。

中长期来看，“稳增长”要顺应比较优势变化，着力构建新的内在稳定增长机制。刺激公共投资和刚性消费需求虽然十分必要，但在我国劳动供求关系发生变化，劳动力成本上升，资源环境约束强化的背景下，仅靠这些是远远不够的。因此，必须将调控重点转移到促进创新等方面来，推动结构调整和产业升级，增强稳增长后劲。一方面要结合新型城镇化战略构建扩大消费的长效机制。要以“三个市民化”为重点，加快城镇化步伐，推动城乡居民消费升级。另一方面要结合创新驱动战略构建产业结构优化升级机制。由于劳动力成本上升趋势不可避免，虽然通过政策扶持可以使部分传统劳动密集型产业延续一段时间，但难以从根本上改变其生存困境。因此，培育以资本技术密集型产业为主的新优势，既是短期稳增长的需要，更是长期稳增长的必然要求。要以促进企业设备更新和研究开发等为突破口，加快推动中小企业尤其是劳动密集型企业设备更新和技术改造，同时，加大大中企业自主创新和技术进步步伐，培育新的竞争优势，提高全要素生产率，提高潜在经济增长水平，为中长期持续稳定增长创造必要的条件。

二、适当扩大预算赤字，为积极财政政策创造作用空间

总体来看，虽然地方债务问题有所增长，但我国财政状况比较健全，且在大国经济体中最为健全，积极财政政策应该也可以在“稳增长”和“调结构”中发挥主导作用。一方面要有效运用支出政策，适当加大民生领域等薄弱环节投资，另一方面要通过结构性减税等措施，推动经济结构调整。

（一）适当扩大赤字规模，为积极财改政策创造必要空间

按照“逆经济风向行事”的原则，越是在经济低迷的情况下，越要发挥财政政策的作用。但今年以来伴随经济减速，各级财政收入增长率大幅度下降，收支压力急剧增加，财政政策积极空间受到一定影响。为此，我们建议，可以适当提高赤字率以支持积极财政政策适当扩张。预算报告中赤字率为2%，建议提高至2.3%，赤字达到1.4万亿元。

（二）加大薄弱环节财政支出，适当弥补公共投资“欠账”

当前经济相对低迷，正是弥补公共投资欠账的有利时机。一要加大城乡民生领域基础设施等投资，着手解决城市幼教入园难、养老难以及农村学前教育难等问题。二要进一步加大三农相关投资，尤其要加大农村村庄道路、

安全饮水、垃圾处理等投资，改变农村村组基础设施落后及横向不平衡问题；要推进农田水利设施投资，尤其是农产品主产区水库、干支渠、灌溉水井等投资，稳定农产品生产供给，降低农产品成本。三要加大跨区域基础设施以及西部不发达地区基础设施投资，消除基础设施瓶颈及断头现象，推动基础设施网络化、高效化利用及区域均衡。

（三）以结构性减税、加速折旧和研发补贴促进结构调整和产业升级

通过减税、加速折旧、前竞争阶段补贴等手段，推动企业设备更新改造和研究开发，产品结构更新换代和产业结构升级调整，调动民间投资的积极性，把投资重点逐步从基建投资转移到设备投资和研发投资方面来。要在继续推进结构性减税的同时，以加速折旧、加大研发补贴为重点调动民间投资积极性。尤其是在劳动力供求关系变化的大背景下，要充分认识运用加速折旧的重要性，通过加速折旧来推动企业尤其是劳动密集型出口企业，加速设备更新和技术改造。为此，有关部门要及时修改加速折旧的相关规定，较大幅度扩大加速折旧政策适用范围，将技术换代等无形磨损纳入加速折旧范围。通过加速折旧来调动企业设备投资积极性，推动企业和民间投资稳定增长。

（四）加强地方政府性债务管理，规范地方政府收入行为

在地方土地财政受到制约的情况下，一方面要规范地方政府收入行为，防止地方政府为了解决扩大投资资金来源，而可能采取的“杀鸡取卵”等过头税措施，对财政自动稳定器作用破坏和对国家积极财政政策的抵消作用。另一方面要探索规范的地方政府公债发行制度，为地方政府寻找到新的规范性债务融资渠道和持续性资金来源。

（五）深化财政税收体制改革，健全财政调控机制

1. 深化预算体制与收支体制联动改革。鉴于预算体制改革相对滞后已经影响到整个财政体制改革进程，有必要以预算体制为突破口，推动预算与收支体制改革联动。要在完善预算监督管理体制的同时，建立中长期预算。适当上移义务教育和社会保险领域事权和支出责任重心。要进一步增加民生领域支出，加大对产业结构调整、技术创新的财政支出。

2. 推进税收体系和分税制体制联动改革。一方面要深化财产税改革，为地方政府建立新的主体税种。要推进资源税费制度改革，强化资源环境约束。

另一方面要深化分税制改革、完善各级政府收入分配制度，适当降低地方政府增值税分享比例，相应增加地方政府其他收入比例。

三、消除货币信贷存量过大顾虑，发挥货币政策应有的作用

由于美国连续推出量化宽松货币政策，其他发达国家同样奉行宽松政策，虽然在世界经济相对低迷的情况下，不至于导致世界大宗商品等价格短期大幅度上升和输入性通货膨胀压力加大。但不能排除世界资产价格的轮番上涨和交替波动，以及新兴市场国家的商品和资产价格大幅度上升。我国作为经济形势相对较好的国家，最有可能成为国际游资冲击对象和输入性通货膨胀的主要受害者。因此，稳健货币政策总基调需要继续坚持，不宜轻易扩张。我国虽然货币信贷存量比较大，但基本符合世界趋势和发达国家经验，并不存在货币严重超发问题。

（一）正确认识货币信贷供应状况，合理动用货币政策工具

2010 年我国 M2/GDP 为 180%，居世界第 13 位。我国 M2/GDP 之所以较高，既有发展阶段尤其是市场化、货币化因素，也有间接融资主导的金融体系原因。纵向来看，1990 ~ 2003 年我国 M2/GDP 提高比较快，2004 年以来已渐趋稳，虽然 2009 年再次明显上升，但之后再次趋稳。横向来看，间接融资为主的国家普遍比较高，如欧洲大陆国家西班牙、爱尔兰、奥地利、葡萄牙等普遍在 200% 左右，荷兰和日本则高达 220% 以上，与德国、英国处于同一水平。从新世纪以来的最新变化来看，2000 ~ 2010 年我国 M2/GDP 提高了 40%（其中仅 2009 年提高 28%），居世界第 19 位，远低于许多欧洲国家。

从信贷/GDP 比例来看，我国 2010 年为 146%，居世界第 21 位，与希腊、澳大利亚、泰国等相当，而西班牙、爱尔兰、美国、英国、丹麦、荷兰和葡萄牙在 200% 以上，日本、塞浦路斯更是高达 300% 以上。2000 ~ 2010 年，我国信贷/GDP 提高了 27%，涨幅居世界第 59 位。虽然我国 M2/GDP 明显高于美国（87%），但我国信贷/GDP 明显低于美国（231%）。既不能以我国 M2/GDP、信贷/GDP 比较高，也不能以我国 M2/GDP 超过美国，说明我国存在严重货币信贷超发现象。

就国际比较而言，虽然货币信贷占 GDP 比例比较高的国家并不必然发生问题，但近年来发生危机或潜在危机的国家，如爱尔兰、希腊、塞浦路斯、

西班牙、葡萄牙等国家，货币信贷占 GDP 比例的确比较高。因此，我们必须适当关注货币信贷存量比较大的问题，但并不能因此断言我国货币信贷已经严重超发，而拒绝或反对运用货币政策手段来稳增长。面对当前经济低迷状态，有必要用好增量，并盘活存量。为防止资金进入房地产等资产价格所吸收，信贷规模和存贷比等政策工具，可限于较小规模贷款，只针对中小企业、三农领域以及其他信贷服务薄弱对象等。

（二）调整货币发行模式，建立逆周期的新型货币政策框架

汇改以来，外汇占款导致的对冲性发行成为我国货币发行的主要渠道。随着顺差持续减少，在对冲性发行逐渐减少的情况下，主动性的经济性发行必须及时跟上来，以保持货币供应量适度增长，防止贸易顺差变化导致的被动性货币供应紧缩。同时要进一步明确货币政策的准单一目标体系，处理好成本上升而潜在增长率下降时期，物价稳定和经济增长目标之间的关系。要增强货币政策决策的宏观视角，并以制度性安排作为保障。同时，配合金融体系完善，逐步建立起具有逆周期功能的新型货币政策框架。

（三）加快金融体系改革发展，消除货币政策作用体制障碍

近年来货币政策“一收就滞、一放就胀”问题的反复交替出现，表明我们的金融体系与宏观经济的匹配性存在明显问题。仅仅通过货币政策的“收收放放”不能从根本上解决问题，必须深化金融改革。要抓紧建立存款保险制度，并以此为依托逐步放宽民营股份制商业银行准入门槛。要结合多层次资本市场建设，发展有利于创新创业的创业投资基金。要结合城镇化需要，逐步发展地方债券市场。

（本文原载《宏观经济信息研究》2013 年第 14 期）

第二篇　国际经济与中外合作

美欧启动自贸区谈判对我国的影响及建议

毕吉耀　姚淑梅　李大伟

内容提要

若美欧自贸区建成将对世界经济政治格局带来深远影响，将有利于巩固其在国际贸易规则制定上的话语权。从中长期看，我国拓展外需的空间受到挤压，自贸区战略受到牵制，特别是有可能削弱我国在全球贸易规则制定中的话语权。

一、美欧启动自贸区谈判的背景

2013 年 2 月 13 日，美国和欧盟发表联合声明，决定启动相关内部程序，以期开展“跨大西洋贸易与投资伙伴”（TTIP）协议谈判。谈判涵盖关税、卫生及检疫、监管与标准、投资、服务、知识产权、政府采购及贸易规则（如竞争政策）等广泛内容，预定在今年 6 月前正式启动，并在两年内完成。虽然美欧目前关税水平均在 4% 以下，进一步降税的经济效益有限，但通过统一或协调相关标准和规则扩大市场准入，可以大幅降低“边境后壁垒”，极大地促进双边贸易、投资和要素流动，形成全球规模最大、标准最高的自由贸易区，可给双方带来巨大的经济和政治利益。

实际上，20 世纪 90 年代美欧就曾探讨过建立跨大西洋自贸区的构想，由于动力不足和其他多种因素而搁浅。2011 年 11 月，双方在美欧峰会达成共识，决定成立高层工作小组，探讨双方如何加强经济联系以创造就业，建立美欧自贸区的构想再度浮出水面。当前，美欧对快速推进自贸区谈判表现出强烈的政治意愿，欧盟表现得更为积极和迫切，将其视为重大历史机遇。美欧推进自贸区谈判的主要目的有如下三项。

（一）试图通过建立自贸区扩大贸易和投资，带动经济复苏和就业增加

国际金融危机以来，美欧主要采取财政货币政策刺激经济复苏和就业增加，但并未取得预期效果，反而导致政府债务高企、主权债务危机频发，货币政策亦用至极致。因此，通过建立自贸区带动经济持续复苏和就业增加成为美欧双方的共同选择。据欧盟委员会测算，自贸区建成后欧盟和美国经济年增长率将分别提高0.5%和0.4%，相当于每年经济产出分别增加860亿欧元和650亿欧元，可创造数百万个工作岗位。

（二）试图通过签订高标准的自贸协定，推动全球多边贸易规则变革

近年来，随着多哈回合谈判陷入停顿，各种形式的多双边和区域合作快速发展。美国从其自身竞争优势和利益出发，极力将高标准知识产权保护、劳工和环保标准与贸易挂钩、政府采购全面开放、服务贸易全面市场准入等条款纳入自贸协定谈判。在亚太区域大力推进跨太平洋伙伴关系协议（TPP）的同时，又开始准备启动美欧自贸区谈判，其目的是要巩固在全球贸易规则制定上的话语权和垄断权，推动建立有利于美欧等发达国家的国际经济贸易新规则。欧盟主席在声明中明确指出，美欧自贸区设立的标准不仅适用双边贸易投资规则，同时也适用全球。

（三）试图通过深化双边经贸合作，强化美欧战略伙伴关系

国际金融危机后，世界经济政治格局深刻调整，美欧等发达国家的经济政治影响力相对削弱。美欧建立自贸区将巩固和深化美欧在政治、军事、安全等领域的传统同盟关系，也有利于欧盟巩固和进一步推进欧洲一体化进程，同时美国也可借助欧盟的力量扩大其在亚太、中东和非洲等地区的影响力，巩固在全球治理中的领导地位。

二、美欧自贸区的发展前景

（一）美欧最终签订自贸协议的可能性很大，部分敏感问题将对谈判进程构成制约

一是近年来美欧在一些国际事务中的立场分歧日益增多，北大西洋公约

组织也出现松散迹象，美欧均有通过签署自贸协定巩固跨大西洋政治和军事同盟的强烈政治意愿。二是美欧各界对自贸区均表现出少有的积极态度。2 月 13 日美欧联合声明发表后，美国和欧盟 27 国的政要和商界精英纷纷表示赞同，期待自贸协议带来巨大的经济效益，帮助欧洲摆脱债务危机，促进经济增长和就业。欧盟委员会 2009 年的一项研究称，自贸区建立对两国经济增长的刺激作用主要在于非关税壁垒的消除。若欧美全面消除所有的非关税壁垒，将分别使得欧盟和美国当年 GDP 增长 1220 亿美元和 410 亿美元。三是美欧在贸易自由化、原产地规则、投资便利化和知识产权保护等关键议题上立场相近，自贸区谈判达成协议的难度相对较小。

部分敏感问题仍可能对谈判进程构成制约。一是农产品问题。欧盟长期实行共同农业政策，对农业提供大量财政补贴，并坚持对进口农产品征收差价税，难以满足美国要求削减农业补贴和扩大农产品市场开放的要求。二是标准差异问题。美欧在工业设计、卫生、食品安全、专业服务、金融监管、知识产权保护等领域的标准体系存在较大差异，显著增加了企业跨境运营成本。标准统一或互认是此次自贸区谈判的核心议题之一。由于标准差异的根源与法律体系、文化背景和历史传统密切相关，预计标准的统一或协调是此次谈判难度最大的环节。

（二）美欧自贸区的广度和深度将超过现有的所有自贸区

传统的 FTA 一般主要包括商品贸易、服务贸易、投资、争端解决机制等条款。但随着区域间合作领域的不断拓宽，知识产权、劳工、环境、政府采购等相关条款也逐渐被纳入其中。美国—欧盟自贸区谈判高层工作组 2012 年 6 月 19 日向欧盟轮值主席团提交的报告中称，美欧自贸协定将包括以下五方面的内容：一是消除商品贸易的关税和非关税壁垒；二是消除对服务贸易和投资的限制性措施；三是在知识产权、劳工、环境、政府采购等领域制定高于 WTO 现行标准的规则；四是消除或削减所有不必要的“边境后壁垒”；五是推进两大经济体的法规和标准体系的统一，其中第五项尚未在任何 FTA 中涉及。目前大多数自贸协定仅涵盖前两项或三项内容，第五项内容从未涉及。

与此同时，美欧自贸谈判工作组明确指出，未来美欧自贸协定必须成为“21 世纪自由贸易协定的标杆”，在各重点领域的标准必须高于双方目前正在谈判或已签署的其他自由贸易协定，具体包括全面消除商品贸易的关税和非关税壁垒、在政府采购领域给予对方企业全面国民待遇、全面消除服务贸易所面临的“边境后壁垒”，等等。可见，美欧自贸区一旦建成后，在广度和深度上将超过现有的所有自贸区。

（三）从中长期看，美欧自贸区和 TPP 有可能整合并扩容

目前，美国在亚太地区正大力推动 TPP 谈判进程，并有望在未来 1－3 年内正式签署。TPP 和美欧自贸协定涵盖领域相似，标准差异较小，整合成本较低。从中长期看，美国很有可能推动这两大自贸区进行整合，形成一个由美国和欧盟共同主导，横跨亚、欧、美三大洲，涵盖几乎所有发达国家和部分发展中国家的超大型自由贸易区，并籍此逐渐扩容至更多国家，甚至可能替代 WTO 成为全球最主要的多边贸易体系。

三、美欧自贸区谈判对我国的影响

（一）对我国扩大出口的短期影响有限

美欧自贸区建成后，将通过贸易转移效应对我国出口带来一定冲击。然而，我国对美欧出口的商品主要是劳动密集型产品，电子信息等资本技术密集型产品也主要集中在劳动密集型的加工组装环节，在全球分工和产业链上的位势存在明显差异，短期内互补性远大于竞争性，在美欧市场上的竞争优势不会因自贸区建成而受到严重削弱。

此外，美欧自贸区的建成有助于拉动两国经济增长，也会在一定程度上增加对我国产品的需求。总体看，短期内我国出口所受负面影响有限。

（二）从中长期看，我国拓展外需的空间受到一定挤压

首先，随着产业技术进步和在全球分工中的地位提升，我国在越来越多的领域与美欧形成竞争关系，美欧自贸区对我国的贸易转移效应将逐渐加大。

其次，美欧已分别与众多亚洲、拉美、非洲国家建立或在谈自贸区，美欧自贸区的建成将增强美欧市场对这些国家的吸引力，这些国家可依托自贸区降低跨境经营成本，提高产品竞争力，进而挤压我国拓展外需的空间。

最后，一旦美欧自贸区相关规则上升为全球通行规则，我国在劳工保护、技术规范、政府采购、知识产权保护等领域所面临的门槛将显著提高，对扩大出口带来较大压力。

（三）对我国加快实施自贸区战略形成牵制

首先，美欧自贸区在商品贸易、服务贸易、知识产权保护、劳工标准、政府采购、国有企业等领域的相关标准很高，将对今后的自贸谈判产生显著的示范效应，未来若我国和美国或欧盟开展自贸区谈判，则很可能被迫遵守相关规则；即便我国和日、韩、澳、新等其他发达国家乃至印度等发展中国家开展自贸协定谈判，这些国家也完全可能援引这一协议的部分内容，要求我国在自贸协议中同意设立类似条款，这将给我国推进自贸协定谈判进程带来较大困难。

其次，美欧自贸区将进一步提升美国在全球贸易规则制定中的话语权和影响力，对参加 TPP 谈判的亚太成员尽快接受美国所提条件构成一定压力，也会促使日、韩等国考虑尽快加入 TPP 谈判，势必影响中日韩、“10 + 3” 等东亚区域合作进程，对我国加快实施自贸区战略构成牵制。

（四）我国在全球贸易规则制定中的话语权有可能削弱

以往，在多哈回合谈判中，由于美欧在农产品、服务贸易、知识产权保护等领域的一些具体问题上长期存在分歧，我国在参与多边贸易谈判和规则制定中具有一定的回旋余地，从而有利于发挥我国在全球贸易体制中的影响力。然而，一旦美欧签署自贸协议，双方在相关问题上的立场将趋于一致，从而增强美欧在今后全球多边贸易谈判中的博弈能力，我国在全球贸易规则制定中争取有利条款和地位的难度势必加大。

四、对策建议

（一）积极应对和适应国际贸易规则变革

一是加快政府采购、劳工、环境、知识产权保护等领域的相关法规和标准与国际接轨，构建公平有序、充满活力的市场环境，为我国经济长期发展提供制度保障和强大动力。

二是在知识产权、劳工、环境等领域联合印度、俄罗斯等发展阶段相近的国家提出兼顾发达国家和发展中国利益的贸易规则，并借助金砖国家合作机制、G20 机制等平台，积极推动其成为国际通行规则。

（二）加快实施自贸区战略

一是在亚太区域合作中，按照“先东亚后亚太、先谋求战略主导后权衡经济利益、先低标准后高标准”的原则，加快推动中韩自贸区谈判，巩固与东盟的合作关系，积极谋划与其他国家的自贸区建设。

二是从统筹国内发展和对外开放的大局出发，尽快完成与海湾合作委员会、澳大利亚、瑞士等在谈自贸协议谈判。

三是高度重视与拉美、非洲等国的区域经济合作，并立足于金砖国家合作机制，争取建立跨亚非拉的自由贸易区。

（三）加快实施“走出去”战略

一是鼓励我国企业对美国和欧盟投资，减少美欧自贸区带来的负面影响。

二是推动我国企业赴与欧美已签订自贸协定的国家和地区投资，借助双边贸易协定拓展欧美市场。

三是加大对非洲和拉美的投资力度，积极拓展海外新兴市场。

（四）努力提升我国对全球经济的影响力

一是加快构建扩大内需特别是消费需求的长效机制，保持经济持续健康发展，提高我国经济的抗风险能力。

二是大力推进经济结构调整和产业转型升级，提高产业核心竞争力，加快培育参与国际经济合作和竞争的新优势。

三是发挥国内市场规模大的优势，把“引进来”与“走出去”结合起来，在努力拓展外需的同时积极扩大进口，提高我国对世界经济增长的拉动作用。

（本文原载《调查研究建议》2013 年第 10 期）

金融危机以来发达国家宏观调控的经验及启示

吴涧生　姚淑梅　李大伟　杜　琼　季剑军

内容提要

2008年国际金融危机爆发后，发达国家经济干预的频率之高和强度之大远超以往的政策实践和惯例。在汲取20世纪30年代大危机经验教训基础上，主要发达国家尤其是美国货币政策从常规走向非常态的量化宽松，货币政策目标随之调整。目前看，在政府宏观调控的强力干预下，金融危机的蔓延和深化得到有效控制。但是，危机后全球经济复苏非常疲弱，非常规货币政策如何稳健退出、政府深度干预会带来哪些隐患等问题仍然有待观察。对我国来说，系统梳理发达国家面对此次危机出台的短期应急措施、长期改革计划、危机干预退出路径安排等举措，对完善我国危机应对机制，增强宏观调控的前瞻性、针对性和协同性具有重要的借鉴意义。

为应对战后最严重的国际金融危机，2008～2010年发达国家纷纷实行大幅度的扩张性财政政策，出台紧急经济刺激计划，大幅减税，扩大公共支出（包括转移支付和基础设施投资），救助问题金融机构。同期央行采取零利率货币政策，创新贷款工具、采取量化宽松等措施向市场注入流动性。主要国家央行还通过国际协调，提供流动性支持。2010年以后，前期救助政策导致政府债务规模急剧攀升，欧洲爆发了主权债务危机，发达国家财政政策开始趋向紧缩以减少赤字规模。在经济内生动力依然不足的情况下，货币政策成为助力经济复苏的主要宏观调控工具。美、欧、日等主要发达国家央行不断加码量化宽松货币政策，资产购买计划最终均不再设定规模限制。央行货币政策目标随之调整，美国、英国均与6.5%失业率挂钩，日本与2%通胀率挂钩，欧央行亦发出前瞻性指引。与此同时，各国在反思金融危机的基础上，开始着手推进金融监管相关改革。

目前看，此次危机中发达国家宏观调控对经济干预的频率之高和强度之大远超以往的政策实践和惯例。系统总结主要发达国家宏观调控的特点、经验及教训，深入剖析其政策失误及纠偏背后的理论依据及宏观经济环境变化，对于进一步增强我国宏观调控的科学性、针对性和有效性，不断完善市场机制，着力培育经济可持续发展动力具有重要的借鉴意义。

一、美、日、欧等主要发达国家应对金融危机的宏观调控举措

（一）美国应对金融危机的宏观调控政策措施

1. 财政政策

一是密集推出经济刺激方案紧急救市。2008 年 2 月，布什政府出台了规模 1460 亿美元的经济刺激法案应对危机。同年 10 月，美国国会通过了资金总额 7000 亿美元的问题资产救助计划。奥巴马执政后，2009 年 2 月，国会通过了 7870 亿美元的一揽子经济刺激方案，即《复兴和再投资法案》，这是二战以来美国政府最庞大的开支计划。

二是推动金融改革和促进就业增加。随着经济形势渐趋稳定，财政政策核心从救市转向金融改革和创造就业。推出《多德－弗兰克华尔街改革与消费者保护法案》，进行规则和监管机构的改革。此后连续推出多项法案，通过向小企业提供贷款援助和税收减免，增加对教育、清洁能源项目和交通基础设施建设投资、通过推动出口增长、重振美国制造业等多种渠道促进就业。

三是逐步转向稳固财政。2011 年 8 月，美国参众两院就提高政府债务上限和削减财政赤字达成协议，通过了《2011 年预算控制法案》。2013 年起，美国财政政策开始趋于紧缩。2013 年 1 月起，上调薪资税，3 月起公共部门实行全面减支。2013 年财年美国将削减支出 850 亿美元，2014 年财年将削减支出 1090 亿美元。

2. 货币政策

一是降低联邦基金利率。2007 年 9 月至 2008 年 12 月，美联储将联邦基金利率从 5.25% 降至 0 ~ 0.25% 历史最低水平，并维持至今。二是创新金融工具积极利用贴现窗口提供贷款。三是建立货币互换机制向外国央行提供美元流动性。四是实施量化宽松和国债扭曲操作等非常规货币政策向市场注入流

动性，以降低长期利率水平。从 2008 年 11 月～2011 年 6 月，美联储推出两轮量化宽松政策共计购买约 1.95 万亿美元债券。2011 年 9 月，美联储推出国债扭曲操作的货币政策（OT）。2012 年 9 月美联储推出第三轮量化宽松政策（QE3），每月购买 400 亿美元的机构抵押支持债券（MBS）。同年 12 月，美联储宣布第四轮量化宽松政策（QE4），每月购买 850 亿美元债券，其中购买 450 亿美元长期国债，以替代年底到期的“扭曲操作”工具。同时，将联邦基金利率与失业率和通胀率挂钩，即只要失业率保持在 6.5% 以上，且未来 1～2 年通胀率预计不超过 2.5%，则将基金利率继续维持 0～0.25% 的超低水平上。2013 年 5 月，美联储首次就退出量化宽松货币政策释放预期。预计美联储最早会在 9 月份举行的联邦公开市场委员会（FOMC）会议上对量化宽松货币政策退出做出部署。但考虑到美国经济复苏势头并不强劲，预计美联储最早在 2014 年底才会结束购债计划，而低利率政策还将会维持一段时期。

（二）欧元区应对国际金融危机和主权债务危机的相关措施

1. 财政政策

国际金融危机爆发初期，欧元区各成员国采取了加大基础设施建设力度、减税等一系列扩张性财政政策，爱尔兰等部分成员国甚至动用财政资金直接向金融机构注资。这些政策在短期内发挥了一定的效力，但加重了各国的主权债务负担，客观上加速了欧债危机的爆发。

欧债危机爆发后，欧元区逐渐转向严控赤字的紧缩性财政政策。在 IMF 和欧盟委员会的约束下，欧元区各国，特别是重债国出台了多项财政紧缩计划，包括削减退休人员的养老金、下调公务人员工资水平、裁减公共部门员工人数、增税、提高退休年龄等内容。然而，这些方案虽然有效地减少政府债务规模，但也对经济增长产生了较大的负面影响，希腊等部分国家 GDP 的降幅甚至超过公共债务降幅。因此，自 2013 年起，欧元区的财政政策重心从单纯追求减赤转向在经济增长和减少赤字之间寻求平衡。2 月欧盟峰会通过了 2014～2020 年欧盟“多年度财政框架”，其中支出额度较 2007～2013 年财政框架削减了 3.5% 左右，但围绕促进就业和经济增长、技术创新的财政支出增幅高达 37.3%。此外，欧盟已经放宽了对法国和西班牙等主要成员国财政减赤目标的时限要求，并鼓励各成员国在减少赤字的同时实施结构性改革以刺激经济增长。目前，欧元区成员国国一方面倾向于实施结构性税收调整政策，适度降低企业所得税，引导企业投资和生产；另一方面，在减少养老金、失业保险等福利支出的同时，适当增加培训、研发等对提高经济潜在增长率有较大作用的支出项目。

此外，欧元区成员国综合运用财政资金、国际组织贷款、私人贷款等诸多渠道，建立了欧洲金融稳定基金和欧洲稳定机制，采取了直接运用财政资金干预金融市场的非常规财政政策。

2. 货币政策

在欧债危机不断升级的背景下，欧央行货币政策的目标和操作工具均进行了调整。一方面，欧央行从单纯追求价格稳定向价格稳定与经济增长、金融体系稳定并重转移，在2012年通胀压力持续超过2%警戒线的背景下仍维持低利率政策不变；另一方面，大量应用三年期长期再融资操作直接为金融市场注入流动性，推出直接货币交易计划（OMT）稳定市场信心，促使欧债危机趋于平复。

（三）日本应对国际金融危机的举措

1. 财政政策

2008年10月到2009年12月，出台了三次经济刺激政策，总支出共120万亿日元，用于稳定金融和资本市场，增加居民就业和消费，扩大公共基础设施投资，同时出台鼓励发展低碳经济包括鼓励节能型家用电子设备的消费和延长电动车补贴方案。2011年3月日本大地震后，内阁府先后四次推出预算追加案，其中18万亿日元补充预算用于震后灾区的恢复与重建。

2012年底安倍政府执政后，开始实行扩张性财政政策。1月11日，日本政府公布了总额20.2万亿日元的“紧急经济措施”，这是日本有史以来第二大经济刺激计划。“紧急经济对策”包括重建与防灾对策、经济增长带动财富增加（鼓励民间投资，支持企业向海外发展）、安心生活和搞活地方经济（扶持年轻人创业，支持女性就业）三个组成部分。5月中旬日本通过了规模92.61万亿日元的2013财年预算案。

2. 货币政策

一是通过固定利率贷款为银行和企业提供流动性。二是实施零利率政策。三是实施量化宽松货币政策。2010年10月～2012年底，日本央行资产购买计划规模从5万亿日元增加至101万亿日元。2013年4月，日本央行用基础货币量取代无担保隔夜拆借利率作为央行货币市场操作的主体目标。资产购买规模不再设限，直到两年内将基础货币量扩大一倍、实现2%的通胀目标为止。

二、主要发达国家宏观调控政策的主要特点

（一）宏观调控政策注重危机紧急应对与重大改革兼顾

在面对重大金融危机时，发达国家一方面出台紧急财政政策和货币政策防范危机蔓延、阻止经济衰退，另一方面，在缜密调查和反思的基础上，将危机作为推动重大改革的时间窗口。如，美国2009年7月通过了20世纪30年代大萧条以来最全面、最严厉的金融改革法案——《多德-弗兰克华尔街改革与消费者保护法案》，英国财政部2010年出台了《金融监管改革建议》，2011年宣布重大银行业改革，隔绝零售银行和投资银行业务。欧盟则借主权债务危机发生之机，加快推进财政一体化进程，2013年1月《欧洲经济货币联盟稳定、协调与治理公约》正式生效，加强了盟委员会和欧盟理事会对成员国财政政策的管理。

（二）政策实施期限和目标明确，既有利于市场预期和政策效果检验，也有利于避免对政策的过度依赖

在财政政策方面，如美国财政政策确定之前，需要经过多次论证，经国会通过后成为法案。法案中的具体条款不仅有明确的政策意图，而且都有实施的具体时限。在终止日期之前，如果国会认为该政策还有必要继续使用，则会通过新的法案对该条款进行延期。如小布什政府在2001年及2003年推出《经济增长与税收减免协调法案》以及《就业与增长税收减免协调法案》定于在2010年底到期。2010年奥巴马政府出台的《2010年税收减免、失业保险再授权和就业创造法案》中的一系列税收优惠措施中，就包括将2001年、2003年和2009年三部法案中税收优惠政策期限延长至2012年12月31日。这种做法既有利于保证财政政策的时效性，也有利于对政策实施效果及时检讨，杜绝政策出台和实施的随意性，提高了政策决策的缜密性和科学性。与此同时，也防止各党派出于政治等原因过度依赖财政扩张政策，对经济运行带来损害。在货币政策方面，发达国家通常会就政策目标和执行期限给出较为明确的规定。目前，美联储、欧央行和英国央行均已制定2%的通胀目标，日本央行为走出通货紧缩亦将中期通货膨胀指标设定在2%。在货币政策操作中，央行决策过程日趋透明，及时向市场表达政策意图。如，美联储2012年底将货币政策与通胀目标和失业率直接挂钩。再如，美联储实施的

“扭曲操作”和零利率等待措施也都给出了具体的时间表。去年12月12日，美联储在宣布实施QE4时就指出，“在资产收购计划结束、经济复苏增强后相当长的时间，高度宽松的货币政策都会是适应性的，并保持逼近零的利率至少到2015年年中”。这种做法，不仅有利于稳定市场和公众预期，降低金融市场的大幅波动，引导微观主体有序配置资源，而且也有利于提升货币当局自身的决策透明度和公信力。

（三）适时创新政策工具，不断增强宏观调控政策工具和干预方式的有效性

在应对国际金融危机过程中，主要发达国家财政政策和货币政策与时俱进，不断创新，与传统政策工具相比较，出现了明显的变化。财政政策方面，一是政府运用财政资金直接向金融机构和企业注资，如美国财政部实施不良资产救助计划（TARP），直接参股花旗银行、摩根大通、通用汽车等。二是更加注重通过增加财政开支的多样性和结构性减税，为经济振兴奠定基础。如《2009年美国复苏和再投资法》加大了在基础设施、教育、医疗、新能源领域的投资。欧元区国家在整体实施紧缩性财政政策的同时，注重运用结构性财政政策支持企业研发、提高劳动力素质，实现财政政策对提升经济潜在增长率、优化产业结构的积极作用。此外，金融监管部门还强力改变市场规则以稳定金融市场。2008年7月，美国证监会颁布紧急交易规则，临时禁止投资者卖空部分金融机构的股票，包括房利美和房地美、主要商业银行等。2010年欧债危机爆发后，法国、西班牙等过都曾禁止对银行股票的卖空行为。2009年4月，美国财务会计标准委员会修改会计规则，允许企业按照资产的真实价值给保有的资产估价，缓解了“按市值计价”导致银行大规模减记资产给市场带来的巨大冲击。货币政策方面，各国央行推出了诸多创新工具提供担保和贷款，以及量化宽松措施等非常规货币政策，以降低长期利率和企业融资成本，促进经济复苏和增长。

（四）发达国家宏观调控机制在应对危机过程中显示出较强的灵活性、适应性及有效性

20世纪30年代以来，美国政府宏观调控一直通过间接手段和改变规制弥补市场失灵，避免直接干预企业运行。2007年次贷危机爆发后，美国政府意识到此次危机的严重性后，立即摒弃了干预纪律，直接干预微观市场运行。美联储采取多种创新工具向市场注入流动性，国会连续出台相关法案，保障

政府传统救助方式与非常规财政政策的顺利实施，相关监管机构出台了临时性交易规则以缓解市场恐慌，与此同时，还启动医疗、金融监管等重大改革。政府救助涵盖了商业银行、其他金融机构、货币市场基金、资产债券抵押机构、制造业企业等各个领域机构，对微观经济干预频率之高和力度之大远超以往的实践和惯例，这充分显示出美国政府这只“看得见的手”干预市场的灵活性和适应性。总体来看，这次危机救助对缩短美国经济衰退持续时间、防止更多企业和家庭破产、稳定市场信心、保持社会稳定发挥了重要作用。

同样地，为应对金融危机和债务危机，欧元区综合运用了直接货币交易计划、长期再融资安排、欧洲金融稳定基金等多种非常规货币政策和财政政策手段，对金融市场进行了全面干预。2013 年二季度欧元区经济开始企稳，欧元区非常规货币政策和财政政策对稳定金融市场发挥了关键作用。

四、对我国的启示

（一）加强宏观调控的机制化、法制化建设，提高宏观调控的科学性和有效性

首先，建立应对危机的部门协调机制，规范各部门应对危机的职责范围和权利边界。其次，借鉴发达国家经验，完善出台经济刺激计划程序的法律体系，使减税和扩张性支出项目合理性得到充分论证，提高决策的科学性和有效性。如，2008 年下半年国际金融危机爆发后，美国国会首先通过立法的形式，为处置金融危机、促进金融稳定和振兴经济提供完善的法律环境。尽管急救助方案十万火急，政策出台的程序仍然一丝不苟，所有措施均依法实施。最后，建立和完善财政、货币政策协调退出机制，防止危机时期采用的特殊政策工具和干预手段常态化。

（二）深化金融体制改革，建立透明高效的货币政策调控机制

深化金融体制改革，加快发展多层次资本市场，稳步推进利率和汇率市场化进程，为我国央行利用市场化手段进行金融宏观调控奠定基础。逐步增强央行制定和实施货币政策的独立性，增强货币政策调控的公信力。提高货币政策决策过程的透明度，建立信息公布机制，使公众与货币政策形成良好的心理预期。优化货币政策调控工具组合，由依靠数量型调控工具为主逐渐转向价格型调控工具为主。

（三）谨慎运用财政政策刺激短期经济增长

欧元区在财政赤字较为严重的背景下大规模运用以财政政策为主的经济刺激政策，虽然在短期内刺激了经济增长，但进一步加剧了财政风险，最终导致了欧债危机的爆发。而从财政政策的刺激效果看，新能源、新材料等新兴产业在技术路径和发展前景等方面还存在很大的不确定性，能否成为新的经济增长点尚存疑问。目前，我国整体财政状况虽然远好于欧元区等发达国家，但由于近年来大幅度运用财政政策刺激新兴产业发展和基础设施投资，导致地方政府的债务风险显著上升，同时新兴产业在产能规模急剧扩张的同时，技术水平并未显著提高，造成了相当严重的产能过剩。因此，在运用积极财政政策推动经济增长时，不仅要慎重考虑所带来的潜在债务风险，同时也应将政策的重心着力于支持产业结构调整和升级，鼓励企业研发和自主创新，而非单纯地进行规模扩张。

（四）短期宏观调控政策应与中长期结构改革紧密结合

在全球经济再平衡背景下，我国宏观调控面临的长期任务是优化经济结构、提高自主创新能力，特别是要加快培育和发展战略性新兴产业。同时，要坚持扩大内需的方针，加快内需主导的经济发展方式转变。在运用财政政策刺激短期经济增长的同时，应更加注重长期的调控需求。在这个方面，发达国家的经验和教训很值得我国借鉴。如，2009 年奥巴马政府推出 7870 亿美元经济刺激计划中，就包括了发展清洁能源产业、史上最大规模学校硬件升级、50 多年来最大规模基础设施建设、在全国普及宽带网等内容，奥巴马表示该计划将是重振美国经济的一个起点，将“为美国经济实现持久发展和繁荣奠定基础”。欧元区在刺激短期经济增长的同时，其结构性矛盾一直未能解决，导致潜在生产率下降，最终导致陷入债务危机和经济停滞的恶性循环。而德国在欧债危机中表现较为良好的一个重要原因在于，2005 年德国政府大力推行了深层次的福利制度改革，提升了产业竞争力和生产效率。可见，宏观调控必须将短期经济增长和长期结构调整和优化予以有机结合，这样不仅能够促进经济短期增长，而且能够增强经济长期可持续发展的后劲。

（本文原载《宏观经济管理》2013 年第 10 期）

中美双边直接投资的特征及发展趋势

杜 琼

内容提要

美国的“再工业化”战略对中美双边直接投资带来不确定性，不过影响投资的基本因素没有发生变化。加强中美双边直接投资的重点是，立足于我国的比较优势，抓住新一轮国际分工的机遇，为我国的产业转型升级创造更多的有利条件。

一、中美双边直接投资的主要特征

（一）规模差距悬殊，危机后走势不一

中美相互直接投资在规模上有显著差距。美国对华直接投资经历了两轮增长，第一轮扩张期为 1993 ~ 2001 年，从 5.56 亿美元增至 19.12 亿美元；2003 ~ 2007 年进入第二轮增长期，2007 年达到 52.43 亿美元。中国对美国直接投资处于起步阶段，发展缓慢，2003 年为 0.65 亿美元，2007 年为 1.96 亿美元。

后国际金融危机时期，美国对华直接投资和中国对美直接投资的走势不同，美国对华投资波动较大，出现资本净回流，中国对美投资则增长较快。美国经济分析署的数据显示，美国对华直接投资 2008 年增至历史最高值，2009 年降至负值，出现净资本回流，且 2011 年再次出现 16.63 亿美元的资本净回流。中国对美国直接投资则增长较快，2010 年和 2011 年的增速分别为 43.9% 和 38.5%，2011 年达到 18.01 亿美元。

（二）双边直接投资都以制造业为主，服务业投资趋于增加

美国对中国的直接投资集中于制造业领域，对服务业尤其是金融业投资

趋于增长，规模仍然较小。2000 年美国对华制造业直接投资存量为 70.76 亿美元，占美国对华投资总额的比重为 63.5%，2011 年达到 267.1 亿美元，所占比重为 49.2%。其中，以满足当地市场需求的食品业和化工、冶金和交通设备等重工业为主，计算机和电子产品的投资规模也较大。对服务业的投资增加，2000 年美国对华服务业的直接投资存量 8.09 亿美元，占美国对华投资总额的比重为 7.3%，2011 年为 146.37 亿美元，所占比重为 27%。其中，对金融业的投资整体也呈增长趋势，所占比重为 4.6%，总额仍然较少。

我国对美国直接投资主要集中于制造业，金融业投资增加较快。2010 年制造业领域的投资存量占比 27%，为我国对美国直接投资最多的行业。国际金融危机以来，我国对美国金融业的直接投资大幅增长。截止到 2010 年，我国对美金融业投资存量的占比由 2007 年的 7.7% 上升至 10.8%。

（三）双边直接投资在两国的对外直接投资联系中较弱

美国是全球最大的对外直接投资输出国和直接投资输入国，而中国是第二大直接投资输入国，并已超过日本成为第二大直接投资输出国。中美两国直接投资联系则较弱。

美国的对外直接投资主要分布在加拿大和欧洲地区，2008 年之前美国对华直接投资占其对外直接投资的比重不足 2%（2005 年除外），国际金融危机以来出现波动，2010 年对华直接投资占比为 2.33%。中国引进美国投资占中国引进外资的比重也较低，并且下降趋势较为显著，2004 年为 6.5%，2010 年降至 2.04%。中国对外直接投资主要分布在亚洲和非洲地区，2011 年对美国直接投资占中国对外直接投资比重为 2.43%；从美国引进外资的角度看，来自中国的直接投资所占比重更是很低，2009 年之前都低于 0.2%，2011 年为 0.25%。

二、美国的“再工业化”战略对中美双边直接投资带来不确定性

为应对国内失业率居高不下和制造业国际竞争力等问题，美国实施“再工业化”战略，有层次、有步骤地推出一系列系列举措。美国政府通过促进高端制造业的发展，占领全球制造业竞争的制高点，2011 年 6 月和 2012 年 2 月相继启动《“先进制造业伙伴”计划》与《先进制造业国家战略计划》，将智能电网、清洁能源、先进汽车、航空与太空能力、生物和纳米技术、新一

代机器人和先进材料等作为重点发展领域。美国“再工业化”对双边直接投资的影响可以从以下两方面观察。

（一）部分制造业企业回归美国，宏观影响未显现

2012 年 3 月份波士顿咨询公司推出《美国制造回归：制造业或临拐点》的报告，认为中国制造业的低成本优势正在不断削弱，制造业从中国向美国回归拐点将有可能在计算机和电子产品、家电和电气设备、机械设备、家具、金属制品、塑料和橡胶及运输工具等七大产业率先启动。目前确实也出现了部分制造业企业回归美国生产的现象。通用电气准备将部分以往外包至中国以及墨西哥等地的工作岗位回迁到美国本土；2011 年美国著名的户外运动品牌 Coleman 停止将其便携式冷藏箱外包给中国企业生产，在美国堪萨斯州建厂；苹果公司宣布在 2013 年投资 1 亿美元，把部分电脑生产线移回美国。

从宏观层面看，美国对华制造业直接投资未受到显著冲击，未来趋势不稳。美国对外制造业直接投资，2008 年降到最低，2011 年还没有恢复到危机前水平，但已温和复苏。美国对华制造业直接投资在 2009 年下降幅度较大，2010 年和 2011 年先增长后下降，趋势不稳。从制造业的内部结构看，计算机和电子信息产品、电子设备和零部件以及交通设备领域的直接投资波动较大。

（二）中国企业对美跨国并购遭遇的政治干扰趋多

从中国企业近几年对美国的直接投资看，华为、中兴、三一和万向等中国企业在美直接投资接连遇挫，“政治”、“国家安全”、“威胁”等成为阻碍中国对美国直接投资的主要障碍之一。具体看，中国对美跨国并购的企业主要是中国在高技术产业领域有过激竞争力的企业，美国存在其技术外溢的担忧。根据《埃克森－佛罗里奥修正案》规定，总统有权基于国家安全的理由对任何外国兼并、收购和接管美国的商业公司的行为采取行动。对外国并购等的审查具体由外国投资委员会来负责。这种“审查权”就赋予了美国总统在经济领域的“政治干预权”。

因此，从经济要素的稀缺性来看，有限的资本根据要素成本的差异，在中国和美国之间进行区位选择，意味着美国对华直接投资面临不确定性。目前看，尚未带来明显冲击。另外，从先进技术的垄断性看，出于对中国制造业国际竞争力增强的防范，针对中国对美高技术企业的并购，美国通常会以威胁到国家安全的理由进行干涉，从而给中国对美直接投资增加了风险和不确定性。

三、影响中美双边直接投资的基本因素没有变化

（一）中国的市场需求巨大，美国对华直接投资收益增长快

从亚太地区看，中国劳动力成本低、市场需求巨大的优势较为显著，成为吸引美国对中国的直接投资的主要因素。目前，美国对华直接投资已取得较好的发展。

一是美国对华直接投资已形成较大规模。中国已经为美国对亚太地区制造业直接投资最多的国家。美国对中国制造业的直接投资在2004年以来经历了快速增长，2007年美国对中国制造业的直接投资头寸已经超过日本，成为在亚洲地区最大的国家。截止到2011年美国对中国制造业的投资头寸为267.1亿美元，高于日本的233.12和新加坡的214.47亿美元。

二是美国对华直接投资收益持续平稳增长。美国商务部公布的美国—中国国际收支平衡表显示，经常账户项目下的直接投资为净收益，并且稳步增长。2000年直接投资项下美国对中国实现的投资收益为12.2亿美元，之后快速增长，2007年为57.7亿美元，2008～2011年，美国对华直接投资收益仍保持较快增长，达到96.8亿美元，占美国对外直接投资收益的比重也提高至2%。

三是美国对中国金融业的投资增长空间较大。截止到2011年，美国对日本的金融业直接投资总额为545亿美元，相当于制造业投资总额的2倍多，而对中国金融业的投资总额25亿美元，不足制造业领域投资的十分之一。美国对新加坡、韩国和印度的金融业直接投资分别为137亿、57亿和37亿美元，也高于中国。随着中国金融业的发展和开放水平的提高，美国对中国金融业的直接投资将有很大的增长空间。

基于中国经济的持续增长、人均收入水平的提高以及市场潜力的逐渐显现，预计美国对华直接投资增长的基本趋势不会受到影响。

（二）中国扩大对美直接投资的必要性凸显

中美之间的直接投资联系较弱，货物贸易和中国持有美国的国债是目前中美两国主要的经济联系。从资本流动的方式看，中国资本流入美国的主要方式是中国增持的美国国债和美国银行增加的负债，直接投资方式所占比重非常小；美国资本流向中国的主要方式是美国银行投资权益的增加，直接投

资占比也较小（见表1）。通过增加对美国直接投资已成为改善中美经济贸易联系的主要方式之一。

从直接投资的动机看，中国企业对美国投资的动机日益强烈。确保在美国的市场份额，规避贸易摩擦等占主导地位，人民币相对美元升值也起了一定的推动作用，而随着我国高技术产业领域部分企业国际竞争力的增强，为加快提升我国高技术和先进制造业的发展水平，进行专利与信息收集、商品筹划与开发研究，也成为推动中国企业对美国直接投资的主要因素之一。

从比较优势的角度看，我国部分企业具备了跨国并购的基础。“专业知识和技术的所有权优势”、“国内资源部门的准入优势”和“生产阶段的分工优势”，是发展中国家的跨国公司对外直接投资的优势所在，中国的跨国公司更多地拥有“国内资源部门的准入权优势”和“生产阶段的分工”，拥有“专业知识和技术的所有权优势”的企业在逐渐增加，分布的行业也在扩大，如华为、中兴和三一电气属于技术密集型的信息技术和风力发电行业。

另外，中国已到了对外直接投资快速增长的阶段，“走出去”战略实施以来，一系列支持海外绿地投资和跨国并购的政策提供了有力的支撑。

表1　美国－中国国际收支平衡表　　单位：亿美元

类　别	2006年	2007年	2008年	2009年	2010年	2011年
经常项目净值	-2332.6	-2563.4	-2625.2	-2195.5	-2616.0	-2800.4
金融项下美国对华资本流入	55.3	20.8	165.4	112.6	-168.5	-13.4
对华直接投资	-42.3	-52.4	-159.7	85.3	-70.9	16.6
金融项下中国对美国资本流入	2331.9	2601.1	4237.2	1519.2	1122.8	-315.9
中国对美直接投资	3.2	0.1	5.0	5.0	11.7	5.8
对美国的非政府类证券投资	131.0	-57.7	-177.9	-62.3	-35.7	102.3
美国非政府机构的债务	-25.7	-4.6	39.4	-8.4	3.9	14.7
官方资产	2223.4	2663.3	4370.6	1584.9	1143.2	-322.6
金融项目净值	2387.2	2621.9	4402.5	1631.8	954.3	-329.4
误差遗漏项	225.7	330.9	-1334.1	998.4	2049.2	3405

资料来源：美国经济分析局网站。

四、政策环境整体有利，长期看尚存机遇

国际金融危机以来美国和中国为促进引进外资加快和对外直接投资，推出了一系列政策措施，从而为两国双边直接联系的增强创造了有利环境，长期看，美国“再工业化”过程中不可或缺的市场需求，以及产业分工深化为促进两国直接投资带来机遇。

（一）中美双边直接投资面临的政策环境整体有利

一是“选择美国”计划的实施有利于中国对美国的直接投资。2011 年 6 月奥巴马签署行政命令，创建“选择美国”项目办公室，旨在推动全世界各地和美国本土企业扩大在美国的投资，为美国创造增长良好的就业环境。

二是中国的《外商投资产业指导目录（2011 年修订）》扩大了开放度。目录取消了部分领域对外资的股比限制，通过进一步扩大对外开放，以促进制造业改造提升、培育战略性新兴产业和促进服务业发展；中国“走出去”战略的加快实施，也为国内企业加强对美直接投资提供有利的政策支撑。

三是双边投资协定谈判正在推进。2008 年 6 月，第四次中美战略经济对话中双方同意启动双边投资协定谈判，旨在加强双边投资保护的同时，促进双边投资健康发展。2012 年 5 月重启中美双边投资保护协定的谈判，两国政府并为此展开了相关研究。

（二）辩证看长期双边直接投资尚存机遇

美国“再工业化”战略的推进，从发展的角度看，一是必然意味着对潜在市场投资的增加，以更准确灵活地捕捉市场需求信息。二是“再工业化”带来的新一轮产业的发展，必然带来国际分工的深入发展。

首先，长期看，市场需求是企业技术和产品创新不可或缺的，尤其是当前产品生命周期加快，产品的创新阶段、成熟阶段和再创新阶段，间隔时间较短，必然意味着为了抓住市场规模而带来的对外直接投资的增加。中国具有潜力巨大的市场。美国可能通过对华直接投资，来捕捉更多的市场信息。

其次，“再工业化”将带来新一轮产业兴起和发展，必然带来国际分工

格局的调整，这对无疑是中国参与新一轮全球经济分工的重要机遇，通过培养我国企业在国际分工中的新优势，提升技术水平，与美国更多地展开科研合作，与美国形成不可替代的产业分工关系，将有利于双边直接投资发展。

（本文原载《调查研究建议》2013 年第 24 期）

美德住房制度比较及对完善我国城镇基本住房制度的启示

刘 琳 罗云毅 任荣荣

内容提要

比较美国和德国两种不同的住房制度设计，我国城镇住房制度应坚持市场化为主导的发展方向，政府实施基本保障和政策帮助为辅，逐步建立市场化与政府基本保障，政策帮助相结合的分层住房供应体系，及相应的住房租售和配套政策体系。

一、美德住房制度比较

（一）基于不同市场经济理论的指导，两国住房制度基本思想完全不同

1. 自由市场经济理论指导下的住房制度基本思想

以美国为代表，在住房领域崇尚自由市场经济理论。其思想当中蕴含的是经济决定论，该模式建立在一种将经济与社会、文化等其他社会结构相隔离的基础上，国家通过反周期措施和建立安全网性质的社会福利体系，缓解市场无休止追求利润带来的副作用。

在这种模式下，政府与住房市场截然分开，住房价格和租金水平完全由市场决定，政府不予任何干预。住房租赁市场表现为二元化市场，政府或非营利机构持有的公共住房或社会住房租赁体系在租金确定、租户选择方面，与营利型住房租赁市场完全分开，从而保证政府不干预市场的正常运行。例如，美国的公共住房采取低租金，只租给低收入群体，并给予住房补贴，以保证他们的住房支付能力。

在这种模式下，由于公共住房和住房补贴数量有限，导致部分支付能力

不足的家庭不得不进入产权市场购买住房，国家通常鼓励低收入家庭住房自有，住房自有化率较高。同时，由于边缘群体进入产权市场的数量会随着住房价格的波动而波动，因此在这种住房制度模式下通常住房市场的波动性较大。

2. 社会型市场经济理论下的住房制度基本思想

以德国为代表，崇尚社会型市场经济理论，提倡“被管理的市场”。核心思想是，鼓励非营利型社会组织与营利型社会组织进行竞争，通过降低住房租金水平，尽量使无限制的市场力量造成的社会阶层被边缘化等社会问题最小化。

德国住房制度明显的特征是：不实行明显的鼓励低收入家庭住房自有政策，住房补贴主要给予供给端，鼓励非营利机构提供租赁住房供给，非营利型租赁住房与营利型租赁住房竞争拉低市场租金水平，实行严格的租赁市场管理。这种“政府参与的租赁市场”可以满足大多数人的住房需求，对少数租不起市场住房的最低收入家庭提供社会福利房（类似我国的廉租房）或给予相应的住房补贴。这种模式为住房租买选择提供一个公平的竞技场，各种住房所有形式之间的平衡由家庭的需要决定。在这种住房制度下，住房自有化率较低，住房市场较为稳定。

（二）两国中央政府和地方政府在住房领域的职责定位差异较大

在住房领域中，中央政府和地方政府的职责与一国的发展历史、经济和政治体制有很大的关系。美国实行联邦制，奉行自由市场经济，中央政府承担了低收入住房的全部资金责任。德国也是联邦制国家，奉行社会型市场经济，多数住房政策都在州政府层面上运作，各州之间差异很大，住房补贴资金由联邦政府和州政府各负担50%。

（三）两国住房税收政策与住房制度基本思想密切相关

首先，完善的住房税收体系和普惠制的鼓励自有的税收政策是两国普遍采用的，鼓励居民自建或购买住房。其次，针对低收入家庭的住房税收政策的侧重点则与住房制度的基本思想密切相关。美国模式下，住房政策侧重鼓励低收入家庭住房自有，对其实行购房优惠政策。德国的税收政策总体上鼓励新建出租住房，通过较高的计提折旧率带来的税收激励鼓励私人租赁住房的投资建设，通过“政府参与管理的租赁市场”来解决绝大部分家庭的住房问题，没有特别的鼓励低收入家庭的购房政策。

（四）政策性住房金融在两国住房金融领域发挥举足轻重的作用

政府通过政策性住房金融可以降低购房者的融资成本，以低息贷款等政策性优惠贷款方式鼓励私有企业和非营利机构进行租赁住房的建设等，是政府管理住房市场的重要手段，政策性住房金融作为各国住房金融体系中的一种长期制度而存在。美国在联邦政府层面建立了发达的住房金融体系，包括联邦住房贷款银行委员会、住房业主贷款公司、联邦住房管理局、联邦住房抵押贷款协会，均离不开政府的支持。德国的住房储蓄银行属于政策性住房金融机构，与商业银行等金融机构共同参与提供住房信贷业务。

二、对我国目前城镇住房制度发展模式的判断

（一）我国城镇住房制度基本框架已经形成

总体看，我国现行城镇住房制度包括四方面内容：土地垄断和多元建设主体竞争并存的城镇住房建设体系，市场化为主结合基本住房保障的城镇住房供应和消费体系，住房公积金和商业信贷相结合的住房金融体系，鼓励自有的住房税收体系。

我国现行的城镇住房制度是在突破传统的计划经济模式，适应社会主义市场经济要求的基础上逐步建立起来的，对经济增长做出了重大贡献。

目前，我国城镇住房制度内容仍需完善。当前城镇住房制度的主要问题包括：第一，多元化城镇住房产权市场扭曲混乱。成本价格住房产权、市场价格住房产权、小产权住房并存于我国城镇住房市场，加剧了住房资源分配的不公平。根据国家统计局数据估算，2000～2010 年小产权房、商品化住房、集资建房和保障房等成本价格住房的建设量占比分别为 27%、41% 和 31%。第二，二元化城镇住房租赁市场缺乏持有租赁房源机构组织。租赁关系不稳定，城乡接合部和城中村住房租赁市场普遍缺乏有效管理，租赁市场监督管理体制不健全，从而在一定程度上导致居民倾向通过购买住房获得稳定居所，住房市场租买选择机制缺失。第三，住房保障制度内涵不清晰。保障重心偏高，缺乏统一的保障标准，各地保障水平有明显差异，保障方式单一。第四，住房公积金制度定位不清，缴存面窄，资金使用渠道少，监督体制需要完善。

(二)房改以来我国城镇住房制度发展过程总体为美国模式，近期有向德国模式演变的迹象

总体看，房改以来我国城镇住房制度发展走的是美国模式，即以住房市场化为核心，同时实施国家基本住房保障责任，政府不直接干预房租和房价的形成，通过经济适用房、两限房等产权式保障、首套房购房利率优惠等政策鼓励低收入家庭实现住房自有。

近两年以来我国城镇住房制度有向德国模式演变的迹象。2010 年以来实施的商品房“限价”政策，属于政府直接干预市场价格形成机制的行为；“十二五”期间公共租赁住房将逐步发展成为保障性住房的主体，政府鼓励机构、企业投资持有公共租赁住房，部分地区在加快推进保障性住房建设的过程中，探索采取“公共租赁住房采用成本定价略低于市场租金、面向所有群体、对低收入租户给予补贴”的模式，初步显示德国单一化住房租赁市场的特征。我国城镇住房制度由美英模式向德国模式演变有其客观原因。

第一，城镇住房市场化进一步发展受制于生产要素市场化改革滞后的影响，难以继续推进。改革开放以来，我国生产要素市场化的发展明显滞后于产业的市场化发展，房地产业的发展也同样面临这样的局面。例如，土地供应方的政府绝对垄断和持续的低利率环境，导致与房地产业发展息息相关的土地和资金这两种要素价格的形成均没有实现市场化，地方政府土地储备中心遵循“以最少量的土地完成政府下达的资金任务”，而不是根据住房市场的需求来决定土地出让数量；持续的低利率、匮乏的投资渠道，激励居民选择购房作为投资。土地和资金要素价格市场化改革的滞后，成为导致近年我国住房价格上涨过快、住房资源逐步向高收入者集中的体制性矛盾。这种体制性矛盾不解决，在完全市场机制作用下，住房领域分配不均衡的现象会继续加剧，所引发的社会问题会继续深化，城镇住房市场化的进一步发展必会受到制约。

第二，中央高度重视保障和改善民生工作。保障和改善民生是“十二五”时期转方式、调结构、扩内需的重要任务，也是推进改革和创新发展的重要着力点，并且国家提倡利用社会力量推进形成民生建设的多元化发展新格局。住房领域是国家实施保障和改善民生的重要领域，中央一再强调住房的民生意义，说明住房分配不仅仅要体现经济决定性，将更加注重其社会属性，这反映了在意识形态领域关于住房的认识与德国近似。

三、城乡统筹视野下我国城镇住房制度初步设计思路

中国特色的城镇住房制度应当既不同于美英模式，也不同于德国模式，又不是其混合模式。初步设计思路为：坚持市场化为主导的发展方向，政府实施基本保障和政策帮助为辅，逐步建立市场化与政府基本保障、政策帮助相结合的分层住房供应体系。鼓励住房自有，抑制住房投机。规范租赁市场发展，推动住房租赁规模化经营。在城镇范围内逐步建立城乡统一的住房市场。住房问题以地方解决为主，中央政府和地方政府共同承担住房保障的资金责任。完善相应住房税收体系，发展政策性住房金融。

（一）坚持市场化为主导的发展方向

我国城镇住房制度市场化发展，取决于我国生产要素市场化发展的进程。当前，部分地区已在试行农村集体建设用地流转，争取与国有土地同地同权，允许在农村集体建设用地上建设公租房，有望打破土地一级市场由政府绝对垄断的局面。同时，“十二五”时期利率市场化改革也在加快推进。长期来看，生产要素市场化进程将继续发展，决定了我国城镇住房制度发展要坚持市场化方向。短期来看，在各种深层次体制改革未完成之时，伴随城镇化发展和各种住房需求的快速释放，针对住房领域的突出矛盾，可实行阶段性的行政干预政策。

（二）逐步建立市场化与政府基本保障、政策帮助相结合的分层住房供应体系

根据住房支付能力的分析，我国城镇住房制度中，政府责任范围包括住房基本保障群体和政策帮助群体两个部分。其中，在住房条件差的家庭中20%低收入家庭租不起基本住房，政府实施基本保障；新增家庭中无房产的20%中低收入家庭和小部分地区20%的中等收入家庭，属于租得起但买不起基本住房的群体，是政策帮助的对象。

（三）鼓励住房自有，抑制住房投机

普惠制的鼓励住房自有几乎是各国住房制度的共同特征，有助于减少政府在住房方面的支出，并促进社会稳定。房改以来，我国一直实施鼓励自有的住房政策，包括购买普通住房的利率优惠、税收优惠等。未来10～20年，

为更好地解决城镇化过程中“夹心层”居民的住房问题，建议坚持实施首套购房的优惠利率等政策，同时为减少寻租空间，将现有的集资建房、经济适用房和限价房等产权式帮助方式逐步改为共有产权模式，通过行政手段、税收政策等抑制住房投机，鼓励住房合理性消费，阻止住房分配不均衡趋势的进一步发展。

（四）规范住房租赁市场发展，推动住房租赁规模化经营

完善住房租赁市场的管理制度，提升租赁登记备案率。推动住房租赁规模化经营，鼓励和引导一批“专业的租赁管理机构”进入市场，这些机构可以新建持有租赁住房房源，也可以收购存量住房出租，或者将市场上散于各户的租赁住房集中管理出租。公共租赁住房也可以成本租金进入公开租赁市场。通过加大住房租赁市场中机构持有房源的比重，稳定租金和租约，为居民提供稳定的居住场所，也是解决“夹心层”群体住房问题的政府帮助政策。从长远看，住房基本保障方式逐步转为“人头补贴”为主，通过租赁市场解决困难家庭的住房问题。

（五）在城镇范围内逐步建立城乡统一的住房市场

小产权房和城中村出租住房，解决了大量城镇居民的住房问题，必须正视它们在城镇住房领域中发挥的作用。伴随土地制度的改革进程，尽快将符合规划的小产权房合法化，鼓励“城中村”和城乡接合部的农村出租住房集中管理，在城镇范围内建立统一的城乡住房管理体系，探讨小产权房、城中村出租房在住房保障和农民工市民化过程中的作用，更好地服务于城镇化的健康发展。

（六）住房问题以地方解决为主，中央政府和地方政府共同承担住房保障的资金责任

在中央政府和地方政府住房责任的分担上，2007 年国务院 24 号文及后续的多个文件明确指出：住房问题由省级政府负总责，城市政府具体落实，中央政府相关部门制定相应的住房政策。从国际经验比较来看，住房保障的资金责任应由中央政府和地方政府共同承担。

（七）完善相应住房税收体系

住房税收体系应体现住房基本制度的要求，一是要鼓励住房合理消费，

防止住房资源进一步向高收入阶层过度集中，建议开征持有税，完善交易税，以求既可提高住房存量的流动性，也能打击住房投机行为。二是要有利于促进住房租赁规模化经营，降低住房租赁市场税负，对提供租赁住房的企业提供一定税收优惠。

（八）发展政策性住房金融

我国金融领域的市场化改革明显滞后于产业的市场化发展，住房金融的发展一是要拓宽房地产融资路径，二是要大力发展政策性住房金融，建议以住房公积金为基础建立全国政策性住房金融机构，为保障房建设、租赁住房规模化经营、中低收入家庭住房消费等提供金融支持。

（本文原载《调查研究建议》2013 年第 6 期）

我国加强国际次区域经济合作的若干政策建议

杨小兵　张庆杰

内 容 提 要

在坚持参与全球化和沿海开放战略的同时，我国应当将关注的目光适时转向包括中南半岛、南亚、中亚及东北亚等广大欧亚内陆腹地间的国际合作与经济开发上，力争在不远的将来能够形成能与北美及欧盟并驾齐驱的，以我国为中心的大洲型发展合作体系，作为我国放手参与全球化进程的坚实后方。

一、我国参与的国际次区域经济合作的主要特点

20 世纪 90 年代末发生的亚洲金融危机，使得我国与东盟关系迅速升温，也为次区域合作加速提供了重要契机。国际次区域经济合作应运而生，逐步形成了以湄公河次区域合作、中亚区域经济合作和图们江流域经济合作为代表的，覆盖我国陆路周边与东南亚、南亚、中亚及东北亚广大地区的国际次区域经济合作总体格局。合作的形态、进展具有六大重要特征。

（一）地处内陆地区

内陆腹地基础设施建设受到巨额投入的限制，欧亚大陆内陆腹地与全球化经济中心之间实际的经济距离要远远大于地理空间距离。内陆区域的国际合作更依赖于本区域国家的区域一体化进程。

（二）依托陆路通道

地处内陆地区的国际次区域经济合作对陆路通道的依赖性较高，多依托于一条或多条重要的陆路国际大通道。与沿海地带相比，次区域受陆路交通

的经济距离的影响非常大，经贸可替代的选择较少。区域经济社会发展，通道建设起着极其重要的作用。

（三）局部区域整合

内陆地区经济合作空间的大小受交通的合理经济运距的影响极大。因而一定时期内，内陆地区相邻国家的合作区别于一般国际经济合作，大多限定在特定范围内，以利于更快、更有效地推动区域的资源开发利用，推动贸易、投资的发展。

（四）资源开发起步

随着我国经济持续高速的发展，对矿产资源的需求不断扩大，而周边国家期求资源出口多元化，这种资源互补性不断增强。因此，资源开发合作是国际次区域经济合作中的重要内容。

（五）合作多样灵活

我国陆路周边各国的资源禀赋各具特色，发展阶段和社会制度各式各样。由于次区域合作在很多制度安排上不涉及主权的让渡，同正式的区域贸易组织相比，更容易较快建立和发展。在合作机制上可在多边、双边，或国家、地区层面权衡选择，或在一国主导与国际机构牵头方面灵活安排。

（六）开放合作共赢

国际次区域经济合作具有开放的区域主义特点，允许非次区域范围内的国家与地区参与。内陆区域国家或地区的经济发展水平较低，资金短缺，更需要借助次区域外的力量，尤其是国际组织的协调推动。

二、国际次区域经济合作是事关全局的开放战略新重点

如何依据我国国家利益的要求，重新认识国际次区域经济合作在国家战略中的重要地位和作用，对于完善我国对外开放战略布局，确立发展的新思路和新路径，加大政策支撑，具有重大意义。

（一）是完善我国全球战略布局的立足点

在亚洲内陆地区，国际次区域经济合作绝大多数为相邻国家间经贸关系，

我国拥有无可置疑的区位地缘优势。美国尽管在政治方面对亚洲内陆地区十分感兴趣，但因与美国国内市场的经济距离过于遥远，缺乏强化贸易和产业联系的基本条件。俄罗斯在亚洲内陆地区与我有类似地缘政治经济条件，但经济能力不足。

我国应抓住战略机遇，将开展国际次区域合作作为调整对外开放布局、确立全球大国战略地位的天然立足点和出发地。一是与周边国家一起应对全球经济失衡的压力，将各大国的政治军事博弈引导到和平的经济文化合作竞争上来，促进区域乃至全球繁荣与增长。二是充分发挥地缘优势，建立更广泛的区域经济合作，不断增强参与国际事务的能力，提高对制定和修改国际规则的发言权，推动全球战略格局的重建进程。三是通过对本区域的中小国家给予经济上的支持和利益让渡，巩固与周边国家之间长期稳定的战略伙伴关系，获得对我国贡献的认同和和平崛起的政治支持。同时，使我国战略安全屏障向周边以远延伸，使陆路周边方向成为我国较为稳定的战略后方。

（二）是把握好全球分工新定位的起步区

我国经济在全球经济分工中的新定位正处于重要的形成时期。从全球范围总体来看，我国的竞争能力同先进国家相比仍存在明显差距。但从开展国际次区域经济合作的区域情况来看，我国的新定位可以在区域性地率先起步和实现。

通过国际次区域经济合作，一是可以主导和参与形成一些重要的区域经济多边机制，在全球性贸易体制和规则的制定过程中，协调立场，增进本国及区域利益。二是可以扩大资源开发能力，提高区域工业化水平，通过产业能力扩大话语权。三是可以通过建设区域性大宗商品期货现货交易市场，以主导本区域战略性资源和大宗商品的开发与生产，逐步提高本区域大宗商品市场在全球市场的交易比重和定价能力。四是可以逐步形成区域性的金融和资本市场，率先实现人民币的国际化，提高我国在国际金融和资本市场的地位。

（三）是突破我国资源保障困局的新途径

积极开展国际次区域经济合作，可以在两个方面有效缓解我国资源保障困局。一是可以在周边寻找可靠的能源矿产资源来源，分散供应风险，提高资源保障能力。二是可以减少我国贸易通道对马六甲海峡海运通道的过度依赖。通过中巴国际大通道和泛亚铁路的西线的中缅通道两个方向的“两洋

（太平洋至印度洋）大陆桥”，部分替代马六甲海峡功能，减少资源运输风险。

（四）是推动西部大开发深入的加速器

目前国内西部内陆地区市场规模小、货运量进出不平衡，由此形成“区位—运输—欠发达”之间的恶性循环。实施向西开放战略，培育和扩大内陆地区区域市场，为破解这种恶性循环提供了“以开放带开发”的新思路和新视角。一是通过国际大通道建设和加强与周边的经贸联系，可以将次区域市场纳入我国西部地区市场，打破西部地区处于运输终端的窘境。二是通过大力发展利用次区域国家优势资源的加工产业，可以加快钢铁、有色、棉纺等特色优势资源加工产业在新疆、云南、内蒙古及东三省的布局。实现矿产棉花等原料资源就地加工，“减重增值”使得西部地区从国家发展的末梢变为开放发展的前沿。通过对外开放，拉动西部地区进一步加快发展步伐，与全国同步实现全面建成小康社会的目标。

（五）是维护民族团结和边疆稳定的基石

由于特定的地理位置、民族历史和人文环境，我国周边国家面临着以颠覆国家政治制度、挑动民族冲突和分裂国家为主要特征的“三股势力”的挑战，对于这些国家和我国形成了国家安全威胁和考验。通过广泛开展国际次区域经济合作，可以深化我国与周边各国的经济联系，夯实全面合作的基础，促使各国以更大的紧迫感重视发展问题，致力于消除贫穷和发展不均衡，最大限度地挖掘沿边地区的经济发展潜能，并通过增长极效应实现跨越式发展，从根本上消除滋生恐怖主义的土壤，为民族团结和边疆稳定奠定基础。

三、加强我国国际次区域经济合作对策建议

（一）组织开展顶层设计，加强次区域经济合作的战略引领

尽快研究国际次区域经济合作战略、制定我国“国际次区域经济合作战略规划”，使之成为同国家全球战略相衔接、指导次区域经济合作的纲领性文件。

“国际次区域经济合作战略规划”覆盖的重点范围应包括我国及东北亚、中亚、南亚及中南半岛相关区域。初步考虑规划应考虑如下四个方面内容。一是充分认识区域所处的发展阶段和开发性特征，市场驱动与制度安排并行。

二是坚持开放的“区域主义”。三是重视资源开发与基础实施等方面的重大建设项目规划。四是突出国际大通道建设和陆路经济带建设。

（二）优先推动国际通道建设，夯实次区域合作的现实基础

从我国陆路对外通道布局来看，拟议中的中巴、中尼、中缅孟印几个方向，泛亚铁路西线（中缅铁路通道）中国境内段大理至瑞丽铁路正在建设，境外缅甸境内缺失段全长约500公里，投资估算约150亿元人民币；中吉乌国际铁路通道缺失段也在500公里左右；而中巴通道尚未启动兴建。从工程建设角度来看，多数通道无法列入规划或建设停滞不前的原因，主要受制于投资来源、经济效益和运营模式等方面。

我们认为，由于这些通道多数经过我国周边的资源富集区，其建设的启动可以同我国对外资源开发项目一并考虑，尝试“以矿养路”等新途径。考虑到国际大通道的性质不同于国内通常意义上的通道建设，不能依据常规仅从经济角度判断其可行性。建议以按照以我为主的方针，尽快组织开展打通国际大通道的相关规划，在建设上结合国家战略需求，以中央政府资金投入为主体，动员国家政治经济和外交资源，利用次区域经济合作的多边双边机制，务求尽快实现显著进展，争取一揽子解决问题。

（三）加快开发境内境外资源，以产业合作促进次区域多赢

一是加强国际次区域矿业开发基础能力建设。以周边国家为重点，加大境外资源潜力调查与投资环境、开发策略的研究力度，以期获取境外资源勘查开发可靠信息，建立周边国家矿产资源信息系统，为资源开发“走出去”的铺路搭桥，降低企业走出去开展资源开发合作的风险。二是发展面向次区域资源和市场的钢铁及有色冶金等特色资源加工产业。结合国际大通道建设，在沿边陆路开放区域布局“面向境外资源、面向境外市场”的重化工基地，鼓励国内企业投资建设特色资源加工项目，或在次区域国家建立独资、合资或控股、参股的企业发展以面向次区域内外部市场的钢铁及有色冶金等相关产业。三是承接我国东部产业转移，大力吸引外部资金进入次区域，发展面向次区域市场的制造加工业。重点则可以考虑在次区域国家拥有广阔市场的家用电器、通信设备、摩托车、汽车机车、工程机械等。四是大力发展次区域的服务业，特别是在我国具备条件的周边省市发展中高端生产性服务业。建设主导本区域战略性资源和大宗商品开发与区域性交易市场，扩大交易规模，提高在全球市场的交易比重和定价能

力。另外，应注重扩大和吸引资金流入规模，提供开发建设所必需的金融工具与服务。

（四）培育次区域经济增长极，优化合作空间布局

一是培育国际次区域中心城市。以昆明、桂林、乌鲁木齐、呼和浩特、哈尔滨、长春等为核心，形成资源、资金、信息集聚加工辐射的中心，抢占次区域发展合作高地，力争主导次区域发展的先机。二是建设以中等城市为主的专业化节点城市。依据不同国际次区域的资源开发利用特点和区域市场需求特征，充分利用这些节点城市内外交通便利，建设用地相对充裕，城市服务功能相对完善的优势，明确各城市的功能定位，形成各具特色的主导产业，实现规模化、专业化生产，推动上下游企业在城市中的集聚，成为开展次区域资源利用与加工，以及市场开发活动重要载体。三是大力发展口岸城市和跨境经济合作区，发挥前沿城市的窗口作用，促进次区域融合发展。

（五）多边双边合作相互促进，探索机制制度安排新途径

大力推动强化次区域合作范围内的交通便利化机制、贸易便利化机制和投资便利化机制建设，提高次区域合作各国法律法规的透明度，逐步实现区域内投资自由化，为我国及外部投资者扩大对本区域的投资提供更加自由、便利和透明的投资环境。利用我国在亚行、世行等多边机构不断增加的影响，推动多边机构参与次区域合作，与相关国家一起积极争取国家机构的资金和项目支持。

在大湄公河次区域，应进一步完善现有的领导人会议机制、部长会议机制、高官会议机制，重点推动在资源、教育、文化和公共安全领域内的机制建设。

在中亚次区域，利用上合组织机制，提升次区域部长级会议机制，优先推动交通、能源领域的合作，积极开展次区域商务、贸易、旅游等合作。积极争取让所有 CAREC 伙伴国成为上合组织成员，利用上合组织峰会启动 CAREC 领导人会议。

在大图们江次区域，利用东北亚博览会和东北亚商务与投资峰会，通过贸易、商务、投资和技术层面的合作，逐步推动次区域在商务、经济、财政和外交等领域建立高官会并使其制度化，倡导建立次区域部长级会议机制，在条件成熟后推动领导人会议，从实质上推动东北亚的合作进程。

（六）发挥中央地方两个积极性，建立多层次协调机制

在国家层面上，应加强和明确目前以国家发改委、外交部、财政部和科技部为主的跨部门综合协调机制，建立常设的专门机构，统筹 GMS、CAREC、GTI 三个次区域合作机制，组织制定国家参与次区域合作的综合规划，并根据需要研究制定分步实施方案和专项规划。将次区域合作规划纳入国家的中长期规划，以及西部大开发、东北振兴等规划和其他专项规划中。

国家相关部门要组织有关省区定期就次区域合作的进展、问题和思路进行交流。尤其要加强与周边国家在运输通道建设方面的双边多边协调与沟通。建议按照西北、西南、东北三个方向分别设立多部门和地方共同组成的通道建设国际协调机构，制度化地与周边国家进行协调沟通，及时解决国际运输通道建设和运营中出现的各种问题。应进一步加强中央与地方政府之间的协调配合，发挥地方政府参与次区域合作方面所具有的灵活性与针对性强的特点，丰富和深化区域组织的合作形式与内容。应支持和鼓励地方政府在合作开发的具体问题上同对方国家的同级主体或较高层级主体进行日常的磋商与交涉。扩大中央政府对地方政府的在对外事务方面的授权或分权，合理扩大区域内县级以上政府的投资和贸易管理权限，并在政策和资金层面予以支持。

（七）勇于承担大国责任，推动次区域合作取得实质性进展

我国作为具有全球影响力的大国，在亚洲内陆地区有着重大的战略利益，应勇于承担大国责任，为国际次区域经济合作的发展多做贡献，特别是从国家层面通盘考虑基础设施建设合作的资金来源问题。要扩大国家层级投入规模，鼓励地方政府的努力配合，吸引全球资源，通过多种途径拓展次区域合作的资金来源，提高资金的利用效率，支持次区域合作的重大项目建设。对于涉及国家长远发展和全球性利益的重大次区域经济合作问题，对于需要我国承担较大国际责任的问题，必要时需要国家最高层不计一时一地的得失，做出政治决断。

我们建议，国家在实施动用外汇储备收购海外重要战略资源的战略的同时，有必要实施“分流外汇储备强化次区域经济合作战略”，支持以基础设施为重点的项目建设，以增量形式提升我国战略性资源保障水平，扩大次区域市场规模，提高全球竞争力，实现战略利益最大化。此战略的实施可以考虑如下五个方面的内容：一是配合国家在次区域的总体战略和外交政策，对重大基础设施建设项目，农业扶贫项目、环境治理和生态保护项目，实施中国

政府对次区域的财政援助计划。二是可以通过我国开发性金融机构和大型商业银行，增加对次区域合作国家区域性基础设施建设的贷款。三是进一步扩大“中国东盟投资基金”规模。同时比照“中国东盟投资基金”，可以考虑先期利用200亿美元左右的外汇储备，建立“中国中亚南亚投资基金”和“中国东北亚投资基金”，重点支持次区域合作重大基础设施建设项目，并可逐步将三大基金的规模扩大到600亿美元。四是积极与亚行、世行等多边金融机构合作，利用好“中国东盟合作基金”，增资“亚洲区域合作专项资金”，通过基金推动国际社会对次区域经济合作的支持。另外，可以考虑再拿出50亿美元，通过亚行和其他金融机构，进行次区域合作重大项目融资。五是发起成立服务于次区域的国际性开发金融机构。

（本文原载《调查研究建议》2013年第41期）

第三篇　产业发展与资源开发

对第三次工业革命几个问题的认识

王昌林

内容提要

第三次工业革命应称为新一轮科技革命或产业革命。新一轮科技革命和产业革命将以绿色、低碳、健康为主题，以信息技术为支撑，是在新能源、生物、纳米等领域的群体性技术突破引发经济社会深刻变革的过程。迎接新一轮科技革命，关键在于创造良好的体制机制政策环境。

一、里夫金提出的第三次工业革命反映了世界经济科技发展的重要趋势，但也存在争议，应定义为新一轮科技革命或产业革命更合适

国际金融危机以来，全球经济进入深度调整转型期。为促使经济复苏，主要发达国家纷纷制定新的发展战略，大力培育新兴产业。但新的增长动力究竟在哪里，目前还看不清楚。在此背景下，各种观点和判断层出不穷，比较典型的有三种。

一是美国提出的“清洁能源革命”战略。2009 年 12 月，美国颁布了《美国创新战略：促进可持续增长和提供优良的工作机会》，明确提出要发动一场清洁能源革命，加速生物技术、纳米技术和先进制造技术发展，推动空间技术研发突破和应用。

二是欧盟提出并积极推动的低碳经济战略。近年来欧盟积极推动建立碳交易制度，并率先通过立法提出到 2020 年相比 1990 年减排 20% 的目标。

三是 2008 年 11 月 IBM 公司提出“智慧地球”战略，很快引起了中国乃至全球的广泛关注。目前，国内有 100 多个城市都在大力推进“智慧城

市”建设。此外，还有其他许多著名的报告和观点。比如，2006 年美国兰德公司发布的《2020 年的全球技术革命》研究报告，该报告提出了未来 16 个应用最广泛的科技领域，包括太阳能电池、无线通信技术、转基因植物、水净化技术、低成本住宅、工业环保生产、混合型汽车、精确治疗药物、人造器官等。2010 年 3 月美国发布的《美国国家宽带计划》和 2009 年 6 月欧盟发布的《欧洲物联网计划》，认为宽带网络是 21 世纪重要的基础设施。2009 年 5 月经济合作与发展组织（OECD）发布的《面向 2030 年的生物经济施政纲领》，提出人类将在 2030 左右迈进生物经济时代。2012 年 4 月美国发布的《美国生物经济蓝图》，提出由生命科学领域的研究和创新推动的经济活动，即“生物经济”，是世界经济中增长快速、比重很大的一部分，等等。

最近，美国趋势学家里夫金和英国《经济学人》编辑麦基里又提出了第三次工业革命的设想，再一次引发了我国有关各界的关注。前者认为，新能源和互联网的结合将推动形成第三次工业革命。后者认为，第三次工业革命是制造业数字化，标志性产业是 3D 打印。

应该说，上述战略和观点都在一定程度上反映了世界科技经济发展的大趋势和潮流，我们应给予高度关注。但也要看到，发达国家提出的战略是根据其自身的优劣势并结合其国情制定的，我们不能完全照搬，特别是要注意一些利益相关者断章取义，借发达国家的提法达到自己的目的。

以第三次工业革命为例，里夫金提出的第三次工业革命反映了世界可持续发展的紧迫要求，新能源和互联网的融合是新科技革命和产业革命的重要方向，但也存在一些值得商榷的地方。如大家普遍认为，“工业革命”一词应译为产业革命，第三次产业革命应称为新一轮科技革命或产业革命更为准确。此外，里夫金是一个游说者和畅销书作者，他不是一个严谨的学者。

我们认为，对目前各种观点，应持理性的态度，既不能熟视无睹，也不能盲目跟风，被发达国家牵着鼻子走。应立足中国国情，制定符合中国实际的经济科技发展战略。实际上，为应对新一轮科技革命和产业革命的机遇和挑战，目前我国已做出了培育发展战略性新兴产业的重大部署，其范围已基本囊括上述所有方向和领域。当前的主要工作是应切实采取措施，进一步突出重点，明确发展时序，扎实推进战略性新兴产业健康发展。

二、新一轮科技革命和产业革命将以绿色、低碳、健康为主题，以信息技术为支撑，是由新能源、生物、纳米等领域的群体性科学技术突破引发经济社会深刻变革的过程

从历史上看，科技革命和产业革命发展一般应具备以下标志：一是要有科学技术的革命性突破为基础和先导。二是要有紧迫和现实的重大需求。三是应对经济社会发展带来革命性的变化，包括引发生产方式、产业结构和组织等方面的变革，对人们生活方式带来革命性变化，等等。根据上述标准，我们认为，新一轮产业革命将以绿色、低碳、健康为主题，以信息技术为支撑，是由新能源、生物、纳米等领域的群体性科学技术突破引发农业、工业、能源等领域深刻变革的过程。

第一，从科学技术的基础看，当今生命科学、生物技术发展正在孕育重大突破，有可能引发新的产业革命。而信息技术的发展如集成电路发展再取得革命性突破的难度很大。3D 打印、个性化制造将进一步促进智能制造发展，但要完全取代现有大规模、标准化的制造（如飞机、汽车等制造）也是不现实的。同样，新能源革命也缺乏重大的科学技术革命作为基础和先导。

第二，从对经济社会发展的影响看，信息技术的发展将会继续深刻改变人类的生产方式和生活方式，但难以像蒸汽机、电力、个人计算机、互联网等出现那样给人类生产生活带来革命性的变化。同样，光伏、风电等分布式能源发展将会引发能源工业的变革，但对人们生活不会像电的发明和广泛应用那样带来革命性的变化。同时，其主要产品光伏电池、风机装备也不会向信息技术那样具有广泛的渗透性、带动性。而生物技术革命将揭示生命的本质和奥秘，它将引发医疗、农业等领域的深刻变革。如果说过去几次科技革命和产业革命大幅度提高了人类改造自然能力的话，那么生物技术革命是对“生命”的变革，将引发生产力的飞跃。

第三，从经济社会发展的需求看，目前提高信息化水平具有很大的需求，但不是非常紧迫的重大需求。而新能源和生物产业的发展将为解决近 200 多年工业化以来日趋紧迫的资源环境等全球性问题提供新的手段，具有紧迫和强大的需求。也要看到，生物技术发展就如原子能技术那样在给人类社会发展带来巨大进步的同时，如果管理不善，也会给人类社会发展带来颠覆性的破坏，因此生物产业发展的市场需求不是想象的那么大。

第四，从各国科研投资和风险投资的重点看，能源与环境、生物是各国的优先领域。比如，2011 年 11 月欧盟委员会公布了《地平线 2020》科研规划中，生物、清洁高效能源等领域研究经费约占总预算经费 800 亿欧元的 40% 以上。在美国科研经费中，清洁能源、生物等领域投资约占 50% 以上。另外，风险投资是判断未来产业发展的重要“风向标”。根据统计，目前全球风险投资的重点主要集中在软件、生物技术、互联网、清洁能源等领域，表明信息网络技术仍是今后一段时期的重要发展方向，同时生物技术、清洁能源是未来发展的重点。

新一轮科技革命和产业革命将呈现以下特点：一是它将引发农业、医疗、工业、能源等领域的深刻变革，为解决人类社会发展面临的资源环境、粮食安全、健康等问题提供强有力的手段。二是新一轮科技革命和产业革命与全球化相互推动，将促进全球性产业结构大调整和世界经济格局的深刻变化。三是新一轮科技革命和产业革命将呈现融合发展的态势，与信息技术革命交叉进行。

三、未来 10 ~ 20 年仍然是信息技术革命的延续，主要是信息网络技术的深化应用，真正的产业革命可能在 2030 年左右到来

当前，大家普遍认为，世界新科技革命和产业革命正在孕育重大突破，但距离产业革命实际爆发还将有一定时间。总的看，信息技术革命还没有结束，人类正处在新一轮科技革命和产业革命的前夜。

第一，信息技术仍具有很大的发展空间。20 世纪 50 年代以来，信息技术发展取得一系列革命性突破，先后发生几波大的创新浪潮，主要是集成电路的大规模商业化应用、个人电脑进入家庭和互联网的出现和广泛应用。近年来信息技术进步的速度变慢。不过，信息技术仍具有较大发展空间。随着云计算、物联网、数字制造以及信息技术与其他产业的融合发展，信息技术将进一步深刻改变人们的生产方式和生活方式。专家估计，信息技术的发展至少还有 10 年以上。接着人们将迎来下一个经济时代：生物经济时代”。

第二，新能源技术的大规模产业化在 2020 年以后。专家估计，风电的成本 2020 年为 0.4 ~ 0.8 元/千瓦时，2030 年为 0.3 ~ 0.6 元/千瓦时。2020 年太阳能发电成本将低于 1 元/千瓦时。同时，到 2020 年纤维素乙醇等生物燃料、新能源汽车将进入产业化阶段。因此，2020 年左右新能源技术可能进入规模

化发展阶段。然而，今后 10 年到 15 年，新能源要大规模取代化石能源、新能源汽车大规模取代现有汽车是不现实的。国际上有关机构预测普遍认为，到 2020 年新能源占能源消费的比重为 20% 左右，到 2030 年将超过 30%，2050 年超过 50%。

第三，生物技术的大规模产业化则需要更长的过程，估计在 2030 年后。近年来，基因测序、蛋白质组学、再生医学等生命科学和技术发展取得了一系列重大突破。现在看来，要破解生命的奥秘还有很长的路要走，比想象的难度要大。总体看，生物技术产业发展还没有出现像蒸汽机、电、个人电脑、互联网等那样能够大规模应用于经济社会各个领域的标志性产品。同时，生物技术发展将会带来生物安全、伦理等一列问题，给人类自身发展带来重大挑战。因此，生物技术的大规模产业化还需要一个漫长的过程。

四、新科技革命和产业革命的孕育期是新兴产业国际分工格局快速形成的阶段，我国面临“百年一遇”的机遇

科技革命或产业革命几十年乃至上百年爆发一次。当前，新一轮科技革命和产业革命正处在孕育和突破阶段，各国基本都处在同一起跑线上，这为我国后来居上，实现跨越发展提供了“百年一遇”的机遇，同时也带来严峻挑战。

第一，从新能源看，近年来我国风电、太阳能等产业快速发展，光伏电池、风电装备产量占全球的 1/3 以上，同时涌现出金风科技、常州天合等一批高速成长的龙头企业。虽然当前光伏、风电产业存在比较严重的产能阶段性过剩问题，在部分关键核心技术领域与世界先进水平还存在较大差距。但从长期看，能源转型是必然的趋势，通过激烈的市场竞争，我国完全有可能突破关键核心技术，涌现出一批具有国际影响力的跨国经营大企业。综合判断，新能源领域是我国最有可能实现突破的领域。

第二，从新一代信息技术看，随着云计算、物联网、移动物联网等新技术、新商业模式发展以及集成电路、显示技术等产业的换代演进，给我国信息产业提升核心竞争力带来一定机会，特别是在互联网应用等信息技术服务领域面临较大的机遇。总体看，与发达国家相比，我国存在的差距较大，且面临跨国公司知识产权壁垒和技术封锁，要在操作系统、大规模集成电路等核心基础领域打破现有垄断格局，从根本上改变信息产业“缺芯少肺”的局面，实现突破性发展的难度很大。

第三，从生物产业看，我国生物资源、生物科技人力资源丰富，人口众多，生物产品国内市场需求潜力巨大，具备发展生物产业的诸多优势。同时也要看到，生物产品管制性强，生物产业发展高度依赖创新，目前我国生物产业管理体制、投融资体制、科技创新体制等不适应生物产业快速发展的要求。虽然近年来我国生物科技论文、发明数大幅上升，生命科学研究的差距在缩小，然而在产业化发展方面与发达国家的差距迅速拉大。综合判断，我国生物产业面临重大历史机遇，但必须解决一系列深层次的体制机制问题，包括完善生物产品监管体制、流通体制、科技创新体制等。

五、对新科技革命和产业革命的方向、技术路线等是很难预测和选择的，关键在于创造有利于新技术发明和产业化以及新兴企业成长壮大的体制机制和政策环境

历史经验表明，重大技术的发明和突破是很难预测的，也存在很大的风险，关键是要营造有利于新技术发明与产业化和新兴企业成长壮大的体制机制和政策环境。实际上，只要具备良好的创新创业环境，新的技术、新的企业就会不断涌现出来。我国深圳的发展就是一个很好的例子。20 世纪 80 年代，国家给予深圳“先行先试”的体制和政策，吸引了内地成千上万的创业者，经过近 30 多年的发展，涌现出华为、中兴、比亚迪、腾讯、迈瑞等一大批创新型企业。

另外，改革开放以来我国电子信息产业的发展也说明这一点。20 世纪 80 年代以来，全球信息技术产业快速发展，这一时期正是我国改革开放的时期。面对当时世界新技术革命和产业革命迅猛发展浪潮，党中央、国务院及时做出了发展高科技、实现产业化的重大战略部署，有力促进了我国信息产业发展。目前，我国已成为世界电子信息产品的重要生产制造基地，产值规模跃居世界第二。同时，在积极参与国际合作竞争中，涌现出华为、中兴等一批具有世界影响力的大企业，在部分技术领域取得重要突破。实践充分证明，只要我们坚定不移地实施改革开放政策，大力推进科技创新，完全可以在世界新技术革命和产业革命中占有一席之地。

总体上看，当前我国具备抓住新科技革命和产业革命机遇的诸多有利条件，比如，对新能源、节能环保、生物、新一代信息技术等拥有紧迫和广阔的巨大需求，我国科技人力资源丰富，积累了比较雄厚的财力，资金供给充裕，等等。从发展科技生产力的要求看，也存在一些体制机制和政策制约因

素，主要表现在，科技与经济脱节，天使投资、创业投资等不发达，科技创新管理体制不完善，以企业为主体的技术创新体系没有真正确立，等等。这些问题造成我国许多新兴产业起步时与发达国家差距不大，但到了产业化阶段后便与发达国家的差距迅速拉大。

为此，迎接新一轮科技革命和产业革命，应坚持以改革开放为动力，使企业真正成为研究开发投入的主体、技术创新活动的主体和创新成果应用的主体，加快建立现代科研院所制度，深化科技管理体制改革，着力解决科技与经济结合不紧密的问题。要建设面向“第三次工业革命”的人才队伍，完善知识产权管理，加强知识产权保护，探索建立社会主义市场经济条件集中力量办大事的体制机制。要弘扬创新和企业家精神，建设“创业型社会”，不断释放中国巨大的创新潜力，营造全社会创新迸发的局面。

（本文原载《调查研究建议》2013年第2期）

促进我国水电健康发展的政策建议

刘树杰　郭丽岩

内容提要

由于水电政策未能与时俱进，目前我国水电发展面临诸多困难。建议明确水电资源产权，按流域及影响范围划分水电项目审批权限，建立水电企业与移民共生的利益协调机制，整合梯级电站产权结构，建立基于成本与需求特性的水电价格形成机制，改革水电增值税制，清理并取消对水电企业的不合理费税，建立公益性成本补偿机制。

水电清洁而可再生，我国水电资源丰富，如能合理开发与有效利用，对优化能源结构、减少化石能源消耗和二氧化碳等温室气体排放具有重要意义。但由于水电政策未能与时俱进，目前我国水电发展面临诸多困难。本文拟就此做简要的分析并提几点脱困的对策建议。

一、我国水电发展面临的主要问题

（一）水电资源产权不清，责任利益主体不明

水权与地权紧密联系，具有物权的一般属性，国外对于水资源产权的划分大多依据“岸线所有权”（河岸权）或“优先专用权”（先占原则）。如：水资源丰富的美国东部地区采用的是河岸权，水资源高度稀缺的美国西部和澳大利亚依据的是占先原则，水电资源归州内民众共有，州政府代表民众行使水电资源产权，并以详尽的法律规定了关于水电资源使用权的取得方式和交易规则，而且使用许可权交易信息必须公开，以便政府统筹调整规划。水资源产权收益的分配，则依据“科斯法”或“庇古法”。“科斯法”承认公共所有，并以国家赋权方式，让使用权根据供求关系进行市场交易，以提高优

化配置效率；“庇古税”可计量，能够给市场主体带来针对负外部性的减量激励，并对受害者进行补偿，消除社会矛盾。我国的水权名义上是国家所有，但实际上又有许多由各级地方政府支配，对水电资源产权的中央与地方关系至今不明确。此外，用水者通过行政程序获得水权，而水权一旦获得就成为刚性权利。这是近年来我国水电资源开发呈无序状态及水资源供需失衡、浪费与短缺并存的主要原因。

水电资源产权不清，还导致水电资源收益分配上的利益冲突，如水电站建成后，所在地政府大多不断地以各种名目出台针对水电企业的税费征收。

（二）水电项目管理“多头”，审批权限划分不合理

在我国，水电项目和其他大型工程一样，涉及多个管理部门权力协调：水利部负责汛期水能调度，电网负责发电调度，水利部考核建设进度，环保部考核环保指标，彼此之间存在职能交叉和利益冲突。2007 年以来，长江上游水电梯级开发后，如果继续沿用电站汛后蓄水的规定，则可能各个电站都不能获得设计水头，但由谁来协调蓄水规定的修改，目前尚不清楚。此外，从水电资源开发利用规律来看，需要根据流域界线及生态环境影响范围来统筹考虑、综合规划水电站的发电、防洪、灌溉、航运、供水、生态等经济社会功能。但是，当前我国以电站装机容量 25 万千瓦为标准来划分中央和地方政府的电站审批权限，明显与水电建设和运行的技术经济特性及生态环境保护要求不符。

（三）安置补偿方式陈旧，新、老移民问题频现

水电站建设的移民问题一直是深度困扰我国水电发展的重要因素，随着经济的不断发展和人民生活水平的不断提高，移民搬迁和安置的矛盾越发突出。目前，我国尚无协调水电发展与移民安置的法律，各地因水电移民导致的群体性事件时有发生，其中不乏较为严重的恶性事件。许多新建电站移民前期工作滞后，无法与主体工程同步开展，达不到主体工程进度要求的工作深度。

（四）梯级开发的电站业主自行其是，协调机制尚未建立

梯级开发的水电站之间在建设、运行和经济效益上存在着紧密的联系，因此，电站业主间必须建立有效的协调机制。但我国目前许多流域梯级开发的水电站分属不同的业主，近年来五大发电集团公司引领、独立发电企业和众多民营企业广泛参与的“跑马圈水”运动，更使梯级开发的水电站分属不同业主的现象比比皆是，加剧了统筹协调机制建立的困难，开发、运行中因

利益冲突而导致的水能利用效率下降等问题逐渐显现。

（五）价格规则悬而未决，过渡政策不符实际

现阶段，我国水电价格管理规则久未确定，在无竞争性电力市场的条件下，基于单一电量价格的“标杆价”制度明显不适用于水电，梯级开发的各电站间的电价结构和利益关系也亟待梳理。一是“老水电”上网电价偏低。由于“老水电”建设时的移民搬迁安置标准低，又多为国家无偿投资建设，投资成本低，因而电价也较低。整体看，20 世纪 70 年代前所建水电站与近年新建的相比，价格水平低 40% 左右。此外，近年来随着移民安置标准大幅提高，更新改造费用加大，老水电站成本呈快速上升趋势，也对其正常运行产生了压力。二是水电标杆电价与新建电站成本差异较大。从价格的基本功能出发，水电标杆电价应反映系统平衡所需水电的长期边际成本，才既能激励水电投资，又可约束工程造价和运行成本。但目前各省的水电标杆价水平大都不同程度地低于新建水电的成本，导致“标杆价”对一些新建水电不具有可执行性。三是梯级电站间上网电价水平差异较大。梯级水电的科学调度，必须以相关经济制度的合理安排为基础，但各梯级的电站上网电价一直单独核定。而由于自然条件的影响，单独计算的各梯级水电建设成本肯定会有不同程度的差异，这就使得目前我国同一河流上各梯级电站上网电价水平均不相同，有些还差异较大。尤其是新建的上游龙头电站，为增强调节能力，造价相对较高，以此为基础核定的上网电价也较高。在电力系统供给能力富余的情况下，此类电站上网电价核定中的争议较大，电量消纳也较困难。四是以辅助服务为主的大中型水电价格结构过于单一。所谓以辅助服务为主的大中型水电，主要指抽水蓄能及与之功能相近的在系统中被作为主调峰、调频电源的大中型水电。所以称之以辅助服务为主，是因为这类电站通常装机容量大而发电利用小时数低，因而其对系统的贡献不仅是提供有功电量，更重要的是提供辅助服务，保障系统运行的可靠与安全。在国外的竞争性电力市场环境下，此类电站运营收入的结构，也证明电量并非其对系统的主要贡献。①

① 如英国迪诺威克抽水蓄能电站，在目前的电力双边交易市场体制下，其电力收入来源于三个方面：一是电能量的双边交易。即利用谷、峰电能转换获取收益。二是平衡市场。由于双边交易模式的核心是所谓的“平衡机制”，即无论是发电还是用电，凡未按合同运行者，均须为不平衡责任付费。而付费标准由平衡市场的实时价格决定，平衡服务的价格通常很高。抽水蓄能电站具有按系统平衡的需要快速增、减负荷的能力，所以可获取“平衡”收入。三是辅助服务。调节性能好的电站可与系统操作机构签订长期合同，也可在辅助服务的现货市场投标。资料显示，该电站在英国双边合同、平衡交易和辅助服务三个竞争性市场上获得的收入大体相当，即各占总收入的 1/3。

目前，我国绝大部分发电企业上网电价执行单一电量制，即各类电力产品的价值都通过电量一种产品的价格来表现，这对以发电为主的电站相对可行，但用于以辅助服务为主的大中型水电，就会导致价格信号的严重失真，基于有功电量的上网价格可能大幅度高于其他常规能源电价，甚至会大大高于火电标杆价。在失真的价格信号引导下，以辅助服务为主的电站会以多发电为基本取向；而电网的意愿则是尽可能使其少发电（否则，按“弃水电量”付费），导致企业行为的扭曲。这不利于水能资源的有效利用，也会因争议增加而导致不必要的社会成本。

（六）水电税费负担较重，配套支持政策缺乏

水电站建设工期长、上网电价低，还贷压力和税费负担较重，缺乏与其他可再生能源发电财税政策的合理衔接。一般而言，水电建设期间的贷款利息要占工程总投资的20%～40%。目前，为鼓励农村发展小水电，其增值税率设为6%，而我国大水电与火电的增值税率同为17%，但火电在燃料和其他原材料进项税抵扣后实际增值税率为8%左右，大水电则因无进项税可扣而必须实缴16%以上。此外，水电要缴纳设备进口税、耕地占用税、矿产资源税、矿产资源补偿费、场内公路养路费及耕地补偿、水资源费等多项税费。我国现有水电工程除发电外，还有防洪、灌溉、航运等诸多社会功能，一些地方政府或航运部门还要求原不通航的河流建设航运过坝设施，或提出更高通航标准。目前这些公共品的建造和运行成本全部由水电企业承担，政府并未给水电企业以任何补偿。

二、促进我国水电健康发展的政策建议

（一）明确水电资源产权

如前所述，与我国其他自然资源产权关系现状一样，目前的水电资源产权关系也不清晰，哪些资源归属中央，哪些资源归属地方，至今没有明确的说法。所谓水电成本低估、“跑马圈地”、“关门打狗”（项目建成后地方政府的税费征收随之而来）等问题，都与水电资源产权不清有直接关系。从有利于生态环境保护和资源优化配置出发，那些流域跨省的水电资源，产权应由中央政府和地方政府共有。水电企业为使用水电资源而付出的费用亦即水电资源收益，应由中央政府和地方政府共享。根据国际上通行的“岸线所有权”

或“占先”原则，水电资源所在地政府应拥有水电资源收益的大部分份额。中央政府的地位，主要体现在水资源的统一规划权和流域水能资源的分配权（包括目前已经实行的“水调先于电调”制度）。而流域限于省内的河流，水电资源应明确归属地方政府所有。

（二）按流域及影响范围划分水电项目审批权限

与前述关于水电资源产权分配的原则相近似，总体上看，水电开发项目审批权限的划分依据，也应以对流域界线及生态环境的影响范围为依据。跨省大江大河及其二级支流的所有水电开发，无论装机容量大小，都应由中央政府审批；跨省大江大河三级支流或流域限于省内的河流，经论证对生态环境的影响也限于省内的，可由省级地方政府批准。

（三）建立水电企业与移民共生的利益协调机制

要从根本上解决困扰水电开发的移民问题，长期看，必须有完备的法制环境作保障。在目前法制缺乏的情况下，已实行的几种移民安置方式，均无法避免移民对电站建设和运行的干扰行为。究其原因，主要是水电站的收益与移民无关。或者说，无论移民如何干扰电站的建设或运行，其后果都只有电站一方受损。因此，必须设法在移民与电站之间形成共生的利益关系。一个可行的办法，就是将部分移民费用由投资成本转为运行成本。即除用于居住安置及电站投产前移民生活的费用外，其他的移民赔偿费用均由电力企业在电站运行期间（如每年或每半年）按销售收入的比例定期支付。也就是说，将移民费用分成两部分：一部分为电站投产前移民的搬迁费用和生活费，可称之为“移民前期费用”，这部分费用继续进入水电的投资成本；另一部分为电站运行期（如每年或每半年）按销售收入的一定比例定期支付给移民的费用，可称之为“移民后期费用”，进入水电企业的运行成本。由此，移民的利益就与水电站的运营状况密切相关，而且，由于“移民后期费用”可进入水电的运行成本，也可使水电企业的经常性移民费用支出有了可靠的资金来源。

（四）整合梯级电站产权结构

梯级开发的水电站分属不同业主的产业组织形式，与水电的技术经济特性不符。长江、黄河、珠江等流域跨省的大江大河上的大型水利枢纽工程，应借鉴美国田纳西州流域管理局的模式，继续实行中央政府所有或中央政府控股的产权结构。其他流域梯级开发的水电站，其产权应归属同一机构法人或由同一机构法人控股。为提高水能的利用效率，在服从于流域管理机构水利统一调度和电网统一调度的前提下，应允许流域梯级开发的水电公司自行调度所属各级电站的运行。

（五）建立基于成本与需求特性的水电价格形成机制

要使价格准确反映供求关系，最好的办法是引入竞争机制。因此，应坚定不移地推进电力的市场化改革。过渡期的水电价格改革应抓主要矛盾，重在解决实际问题。由于不存在水电的标准设计，从而不可能有水电的标准成本，因而火电“标杆价”的经验并不适用于水电，建议废止水电“标杆价”。在各方利益大体平衡的前提下，可将新建大中型水电成本合理补偿作为重点，兼顾水电价格结构的改善。新建大中型水电价格仍应以项目审批文件确定的投资成本及运行方式为基础核定。其中，以提供电能量为主的大中型水电，上网电价继续实行“单一电量制”。以提供辅助服务为主的大中型水电，上网电价应实行“两部制”，即发电企业的总收入由两部分构成：一部分为辅助服务收入，以电站固定成本为基础；另一部分为电量收入，以电站变动成本为依据。同一销区内梯级开发的水电，相互间成本及收益关系密切，应统一核定价格。重新配置移民安置资金，将向全国电力用户征收库区移民后期扶持资金置换为提高库区移民补偿标准，还其企业内部成本的本来面貌。适度提高老水电价格，如以重置成本为目标，应通过股权分配等方式，将所增收益适量返还当地。水电资源丰富的地区，应全面推行丰、枯电价制度。对未纳入国家统一平衡计划而又跨区销售的水电，价格应由水电企业与其售电区域的电网公司或地方政府协商确定。

（六）改革水电增值税制

为公平税负，从长远看，增值税应由生产型向消费型转变。现阶段，水电企业应全部执行“长江三峡”的税收政策，即实缴增值税率为8%，与标准税率的差额部分即征即返。

（七）清理并取消对水电企业的不合理费税

对明显有助于提高水资源总量的水电工程，应免缴水资源费；对承担防洪、防凌、排沙等防灾任务的水电工程，应免缴防洪保安基金；水库淹没区及主体工程区占用的荒山荒坡及其他未利用土地，应免征一切耕地补偿性质的税、费。

（八）建立公益性成本补偿机制

我国的水电工程大多具有防洪、航运等社会功能，其投资、运行成本全部由发电企业负担极不合理。如为便于执行而由水电企业支付此类公益成本，政府应通过税收减免予以补偿。此外，水电站枢纽工程中的航运过坝设施的立项，也应以投资及运行成本补偿的落实为基础。如地方政府或航运部门在现状基础上提出更高通航标准要求，必须承担相应的成本支出。

（本文原载《宏观经济研究》2013 年第 10 期）

重塑能源，实现可持续发展

戴彦德

摘　要

党的十八大报告提出了建设生态文明，要求推动能源生产和消费革命，这给重塑能源，实现可持续发展提出了新要求、指明了新方向。未来相当长的时间内，要实现经济社会的可持续发展，控制能源消费总量是关键；而优化能源结构，构建“煤炭、石油和天然气、非化石能源”三足鼎立的能源供应格局，则可从“质”上重塑能源、促进可持续发展；加快能源外交新布局，可从合作中推动经济社会与能源的可持续发展。与此同时，应通过科技创新与体制改革为可持续发展创造良好的外部环境与制度保障。

进入新世纪，特别是党的十六大以来，我国能源产业步入快速发展轨道，有力地支撑了经济社会的持续平稳较快增长。但另一方面，我国能源消费的急速扩张，特别是以煤为主的能源结构，也带来了生态环境不堪重负、能源供求紧张、安全生产事故频发、能源运输瓶颈凸显、温室气体减排压力加剧等一系列问题和挑战，严重制约了经济社会的可持续发展。“十八大”报告提出了全面建成小康社会和中华民族复兴的伟大目标，如果延续以往的发展模式，显然我国经济社会的可持续发展将面临更为严峻的挑战。

当今国际能源供需呈现了多元化、清洁化、高效化和全球化的特征，“十八大”报告也提出“建设美丽中国”的目标，首次将生态文明建设提升至与经济、政治、社会、文化四大建设并列的高度，这些变化与趋势给重塑能源、促进可持续发展指明了新方向，提出了新要求。只有从总量上控制能源需求增长，从质量上优化能源结构，转变发展方式，变革消费模式，推进能源生产和消费革命，在科技创新与体制机制上加以保障，构建安全、稳定、经济、清洁的现代能源供应体系，才能将我国经济社会的可持续发展落到实处。

一、实现经济社会的可持续发展，控制能源消费总量是关键

能源需求的快速增长和巨量的能源消费，已严重制约经济社会的可持续发展。跨入新的世纪，伴随着城镇化和工业化进程的加速，我国能源供求形势发生了重大变化，能源消费出现了前所未有的高速增长态势，2005年全国能源消费总量在2000年的14.6亿吨标煤的基础上增加了61.2%，达到了23.6亿吨标煤，短短五年的能源消费增量，超过了改革开放头二十年的增量之和；“十一五”期间尽管能源经济效率提高了近20%，但由于经济保持了两位数的高增长，2010年达到32.5亿吨标煤；2012年，虽然受全球金融危机和世界经济复苏乏力的影响，我国经济增速降到了近十年的低谷，但能源消费增速依然超过了4%，能源消费总量达到了36.2亿吨。这一巨大的能源消费和以煤为主的能源消费结构带来了一系列的问题，严重制约了经济社会的可持续发展。

第一是能源消费引起的污染物排放已使生态环境不堪重负。目前我国能源消费的快速增长与环境保护矛盾日益突出，一些地方生态环境承载能力已近极限。据统计，2011年全国二氧化硫排放量依然超过2217万吨，氮氧化物排放量超过2404万吨，化学需氧量排放量超过2499万吨，氨氮排放量超过260万吨，固体废物、汽车尾气、持久性有机物、重金属等污染仍在持续增加。全国重点监测的468个市（县）中，有近一半出现不同程度的酸雨污染。七大水系中有四大水系劣V类水质类别的比例超过20%，其中海河流域超过了40%。在海洋方面，过去10年流入海洋的污染排放持续增加，全国48个入海口遭到重金属、滴滴涕和石油烃的污染，再加上来自农田的化学肥料和粪肥的流入，造成沿海海域富养化程度提高，出现大量有害水藻。在过去20年中，沿海海域平均每年遭遇83次赤潮，2008年黄海遭遇的“绿潮”所造成的直接经济损失达13亿元。与20世纪50年代相比，我国红树林面积减少73%、珊瑚礁减少80%、沿海湿地面积减少57%。从全国来看，环境污染正在从城市向农村转移，从人口稠密区、经济发达区向人口稀疏、经济欠发达地区转移，从常规性污染向非常规性污染、有毒有害污染转化，从局地向区域扩散，从江河城市段向流域蔓延，从浅层次向深层次的环境问题演变，环境形势正呈现出压缩型、叠加型、复合型的特点，已经成为我国经济持续发展乃至社会安定和谐的重大问题。

第二是能源需求的急速增长导致能源供应压力巨大，影响了经济社会的可持续发展。我国能源资源禀赋“富煤、少油、缺气”，石油、天然气资源较为缺乏。按目前的探明可采储量，煤炭、石油、天然气的人均占有资源量仅分别为世界平均水平的 70%、6%、7%。目前石油年产量 2 亿吨左右，多年徘徊不前，消费增量几乎全部依赖进口。2012 年进口石油 2.85 亿吨，对外依存度已超过了 58%，进口天然气 442 亿立方米，对外依存度近 30%，进口煤炭 2.6 亿吨，占当年煤炭供应量的 6.6%。自 2001 年以来煤炭就以年均 8% 以上的增速加速开采，目前产量已高达 36.5 亿吨，占世界总产量的近 50%，煤炭采出率低，矿难事故频发，目前我国煤矿百万吨煤死亡率世界上其他国家的数十倍。尽管为满足快速增长的能源需求，能源生产开足马力，但依然出现供不应求局面，“十五”后三年全国曾出现煤电油运全面紧张的局面，拉闸限电屡见不鲜，给社会生产和人民生活造成不良影响，进而影响了经济社会的稳定持续发展。

第三是能源运输压力不断加大，能源运输瓶颈凸显。我国能源消费重心在东部沿海和南部地区，而能源资源主要分布在中、西部、北部地区，因此形成了“北煤南运、西煤东运、北油南运、西电东送、西气东输”的格局，导致大量能源的长距离运输，给公路、铁路运输带来巨大压力。以煤炭运输为例，煤炭运量一直占全国铁路总运量的一半左右，煤炭在全国铁路货物周转量的比重超过 1/3。尽管近年来交通运输建设速度不断加快，但由于能源运量大、运距长，能源运输占用了大量的运输能力，导致运输建设速度远赶不上需求增长，因能源运输导致的交通拥堵现象时有发生。2010 年京藏高速公路发生长达数月、延绵长约 100 公里的“京藏高速大堵车”，而京藏高速 70% 以上的通行车辆为运煤车辆。

第四全球气候变暖日益受到重视，国际气候谈判压力巨大。全球大规模的能源消费所产生的二氧化碳等温室气体对全球气候变化的潜在威胁，已经成为国际社会关注的焦点。地球温升控制在 2℃ 的目标已写入哥本哈根协议，这一域值使全球未来允许的温室气体排放空间大大压缩。虽然我国工业化过程中的人均累计碳排放量还远低于发达国家的水平，但排放总量超过美国，成为世界上第一大排放国；人均二氧化碳排放量已超过世界平均水平，每年的排放总量而言，已占到全球的 20% 以上，这也给我国的国际气候谈判带来巨大压力，也必然会影响未来我国经济社会的发展空间。

要实现既定的经济发展目标，能源消费需求还将成倍增长，未来可持续发展面临的挑战愈加严峻。尽管目前的巨量的能源消费以使生态环境不堪重负，能源供给保障的压力巨大，气候变化谈判的压力日益剧增，但我国的人均能源消费总量还很低，目前的人均能源消费量还不到美国人均消费量的三分之一，OECD 国家平均水平的一半。从经济社会发展的基本面来看，尽管我国经济持续高速增长了三十多年，经济总量已居世界第二，但经济发展水平还很低。2011 年人均 GDP 不足 5500 美元，不到发达国家的 1/4；每千人汽车保有量 69 辆，不到发达国家的 15%，世界平均水平的一半；城镇化率 51.3% 比发达国家低近三十个百分点。而且经济发展也很不平衡，中、西部地区的人均 GDP 不足东南沿海地区的一半；农村人均可支配收入只有城镇居民的 40%；全国尚有 1.2 亿人口处在贫困线以下。党的十八大做出了我国社会经济发展所处“三个不变”[①] 的论断，明确提出了“以经济建设为中心是兴国之要，发展仍是解决我国所有问题的关键”的论述，这意味未来一段时间发展仍是我们的主要任务。西方发达国家的发展历程表明，当其人均生活水平和质量达到比较高的程度，其人均能源消费量不低于 4 吨标油，人均有效装机容量不低于 1.5 个千瓦。要实现十八大报告提出的 2020 年“国内生产总值和城乡居民人均收入倍增”目标，即使能源经济效率在 2010 年的基础上提高 25%，届时的能源需求总量将达到 53 亿吨标煤；实现 2050 年民族复兴即社会经济发展达到当时中等发达国家水平的目标，即便能源效率达到目前发达国家的最高水平，届时能源需求接近 86 亿吨标煤。显然，这么高的能源需求，不仅国内资源无保障、环境无容量，运输压力难以缓解，在国际上还将面临更为严峻的碳减排呼声。

要保障经济社会的可持续发展，必须“转方式、提效率”，从总量上控制能源消费。有研究表明，如果采取针对性的节能降耗措施，发挥“后发优势”，2020 年我国能源需求有可能将能源需求控制在 45 亿吨标煤的水平，2050 年我国能源需求控制在 65 亿吨标煤，甚至更低的水平，届时的能效水平将比日本还高 25%。这意味着中国有可能以比 2010 年翻一番的能源消费总量，实现 21 世纪末达到中等发达国家的经济发展目标。因此，必须要立足当前、着眼长远、谋划未来，确立“人均能耗控制在显著低于美国等发达国家水平”的战略思想，通过转变发展方式，大幅提高能效与经济质量，变革消费方式，将能源消费总量控制在预期的范围内。

---

① 我国仍处于并将长期处于社会主义初级阶段这个基本国情没有变，人民日益增长的物质文化需要同落后的社会生产力之间的矛盾这一社会主要矛盾没有变，我国是世界上最大发展中国家的国际地位没有变。

第一，要调整经济结构，转变经济增长方式。我国经济增长高度依赖出口，世界工厂的角色日渐浓重，中国制造的低端产品充斥全球各地，初步测算，我国每年直接、间接出口的能源占全国能源消耗总量的20%以上。目前我国外汇储备世界第一，经济总量世界第二，综合国力显著增强，具备经济转型的物质基础和综合实力，未来应注重发展知识经济、品牌经济、创意经济，大力调整出口结构，从根本上扭转“能源消费留给自己、污染留给自己，世界消费我买单”发展模式，真正落实“十二五”规划和“十八大”提出的“以科学发展为主题，以加快经济发展方式为主线，促进经济长期平稳加快发展”的战略部署，这也是控制能源消费持续增长，减少能源需求的关键。

第二，大力推进节能技术进步，提高能源利用效率。虽然“十一五”期间我国高耗能行业的能源利用效率大大提高，但与国际先进水平的差距仍然十分明显。我国燃煤工业锅炉平均运行效率约在70%左右，较国际先进水平相差10~15个百分点，节能潜力在4500万吨标准煤以上；电机拖动系统平均运行效率比国外先进水平低10个百分点以上，节电潜力约2000亿千瓦时；钢铁行业余热余压利用节能潜力1700万吨标煤以上。建筑物、交通等领域也有着巨大的节能潜力。初步分析，全国技术上可行、经济上合理的节能潜力高达6亿多吨标准煤。未来仍应加大节能减排力度，采取针对性的节能措施，把节能作为继石油、天然气、煤炭和非化石能源以外的第五大“能源”来开发，通过提高能源效率，挖掘节能潜力来减缓未来能源需求的快速增长，达到控制能源消费总量的目的。

第三，要提高经济发展质量，减少周期性的能源浪费。改革开放以来，我国以年均接近10%的经济增长率高速发展了30多年，创造了世界经济发展史上的奇迹；但在快速发展的过程中，能源利用效率低，建设、淘汰、再建设、再淘汰的现象比比皆是，造成了严重的低效和浪费，这种“重速度、轻质量”的发展模式，不仅导致财富积累缓慢，还造成周期性能源浪费。如在建筑领域，我国是世界上年新建建筑最多的国家，但由于片面追求发展速度、缺乏科学规划等原因导致“短命建筑”层出不穷，大量能源浪费在“一爆”、“一建”之中。在未来城市化过程中，应更加注重规划的合理性、科学性，努力减少和避免周期性能源浪费。

第四，要正确引导生活方式和消费方式的转变。随着居民收入水平提高，对建筑面积、建筑室内环境舒适度等居住条件以及以私家车代步等交通条件的要求越来越高。应未雨绸缪，建立长效节能环保公众宣传机制，利用能效标准、标识、认证等手段，引导居民消费升级换代，促使人们生活消费方式向可持续的能源消费方式转变，减缓能源需求的快速增长。

二、优化能源结构，构建“煤炭、油气和非化石能源三足鼎立”能源供应格局，从“质”上保障社会经济的可持续发展

保障经济社会的可持续发展，除了前述的依靠大幅度提高能源效率、转变经济增长方式，提高经济增长的质量来控制能源消费总量外，必须在能源供应模式上下决心做出重大调整，并提出明确的结构调整目标。否则即使效率提高到极限，长期能源需求总量仅在目前基础上增加一倍，但仍维持以煤为主的能源结构，对生态环境的影响仍难以想象。长期以来，我国主要采取了立足国内的能源发展政策，国内能源资源禀赋条件逐渐形成了以煤为主的能源格局。煤炭产量已从 1978 年的 6.07 亿吨，增至 2000 年的 13.8 亿吨，2012 年预计可达 36.5 亿吨，满足了改革开放以来经济社会发展对能源的高需求。但另一方面，煤炭的高强度开采和利用也带来一系列问题，包括地面沉陷、地下水系破坏、固体废物排放等生态环境问题，安全生产问题，环境质量保护问题。目前我国还有 30% 以上的城市人口生活在空气质量达不到现行标准的区域，长三角、珠三角、京津冀地区酸雨污染依然严重，许多城市灰霾和光化学烟雾污染呈加剧趋势。2013 年 1 月间，我国中东部地区已经出现了四次大范围的雾霾天气，绵延 140 多万平方公里，8 亿以上的人口受到影响，74 个重点监测城市近半数严重污染，其中首都北京 1 月 27 日、1 月 28 日遭遇的雾霾天气，使得空气质量出现 5 级以上的重度污染，相当原因可归结为我国燃煤为主的能源消费结构。

由此可见，目前我国一系列的能源环境问题均与我国以煤为主的能源结构有关，如果保持现有以煤为主的能源结构，未来将面临更为严峻的能源环境问题，必须重视 2013 年伊始波及 1/7 国土面积的大规模、持续性的雾霾天气提出的警醒，如果不积极、主动加以应对，上述能源、环境、生态问题还会频繁出现，并且伴随着能源消费总量的增加，情况更为严峻，必将严重影响我国经济社会的可持续发展。事实上，改变我国以煤为主的能源结构、推动能源转型已具备相当资源基础和技术可能性。从国内的资源条件看，我国可再生能源种类齐全，资源较为丰富；伴随着技术突破，我国非常规油气资源供应潜力仍然很大，能源所开展的《2050 年能源需求情景分析研究》表

明[①]，若到21世纪中叶形成煤炭、油气、非化石能源三大类各占“三分之一”的新格局，2050年我国煤炭产量将保持在30亿吨左右的水平，相关的能源环境、能源效率问题将得到很好的解决。

有鉴于此，我国应以“三足鼎立”为目标打造未来持续能源供应体系，重塑能源，保障经济社会的可持续发展。首先建议将控制能源消费总量的目标主要放在煤炭上，同时采取市场手段，将资源、环境成本内部化，对煤炭消费总量做出越来越严格的限制。其次，建议顺应石油、天然气消费增长的客观需求，进一步拓宽进口渠道、完善油气战略储备体系、制定油气供应安全应急预案。第三，尽管对页岩气、煤层气等非常规天然气的资源量和开发规模，还存在一定争议，但作为高效、清洁的化石燃料，应积极运用先进技术，加大勘探开发力度，夯实油气这一“足”。第四，对于非化石燃料，2020年水电装机应达到3.5亿千瓦，2050年水电装机容量突破4.8亿千瓦，达到发达国家80%以上的开发率；核电开发应在安全高效的基础上发展，2020年核电装机力争达到8000万千瓦以上，远期按4亿千瓦准备；风能、太阳能虽然遇到一些困难，但仍应坚定不移地推进风能、光伏发电等可再生能源发展，努力完善技术、降低成本，争取早日实现商业化大规模发展。此外，还要重视新能源与传统能源“接轨”的环节，加大对“智能电网”、车用新能源供应站等新技术的科技攻关力度，使新能源与传统能源供应体系更好地融合在一起。

三、加快能源外交新布局，为打造“三足鼎立”能源格局奠定基础，共同维护全球能源安全，在合作中促进经济社会的可持续发展

要打造“三足鼎立”的能源供应格局，基于我国目前的资源禀赋条件，除了要加大国内能源资源，特别是天然气、水电、核电与可再生能源的开采力度外，很重要的一方面就是要充分利用国际、国内“两个资源、两个市场”，扩大油气消费比重，这也是推动能源转型、应对气候变化以及促进经济社会可持续发展的重要手段，未来我国油气等优质能源的对外依赖程度还将不断提高。研究表明，在国内非常规油气资源没有得到大规模开发之前，到

① 该研究主要从技术可行的角度，设计了基准、节能、低碳和强化低碳等四个情景探讨了中国走低碳能源发展道路的可能性，其中低碳情景为中国比较可行且通过努力可以实现的情景。

2020年，我国石油进口依存度有可能突破70%，天然气进口量也可能达到1500亿立方米。

国际能源市场受多种不确定因素影响，不可避免带来能源安全，特别是石油供应安全的挑战，相应地会增加我国能源供应的不稳定性，从而给国内经济社会的平稳发展带来巨大压力。这种趋势要求我们必须树立“大国能源”战略，构建我国外交、政治、军事安全体系，通过国际合作保障我国能源转型的顺利推进，促进我国能源的可持续发展。

从未来能源国际环境的发展趋势看，全球资源供需将长期偏紧，能源资源竞争会愈演愈烈；国际能源市场价格波动风险加大，美国“能源独立”政策空出的中东油气份额将逐渐向亚太地区转移，中国及亚太国家将承担海湾地区政治局势动荡后带来的石油价格波动风险；石油进口通道安全面临着新的挑战，中国80%的石油运输要经过马六甲海峡，并主要依靠是欧洲、北美等各大航运巨头，而马六甲海峡是世界最繁忙的海上运输咽喉之一，运输能力几近饱和；美国“能源独立”使中国周边及海上资源开发面临新的挑战。

这些变化和趋势对我国能源外交提出了新的要求，我们必须树立“大国能源”战略，加快能源外交新布局，构建我国外交、政治、军事安全体系，贯彻落实“互利合作、多元发展、协同保障”为核心的新能源安全观，积极开展多边、双边能源国际合作，保障我国能源转型的顺利推进，促进我国经济社会的可持续发展。具体而言：我国能源外交需要宽视野、大战略、新思路和强举措，把能源外交纳入到全球政治经济格局和能源地缘政治变局视野中，制定符合实际的能源外交大战略，从合作中促进经济社会的可持续发展。首先要建立多层次、多渠道、全方位的能源外交体系，在油气、煤炭、新能源等更多领域、更大范围、更高层次上参与多边和双边国际合作与竞争，加强与当地企业、个人、在野力量、非政府组织的合作，树立良好区域大国形象，加强与南海周边国家的沟通，增进相互了解，以实现共同资源的共同开发与利用。其次，应积极参与全球能源治理，推动形成全球能源安全共识和维护机制，加强金融监管，共同打击能源资源大宗产品投机行为，维护全球能源安全。第三，为能源企业走出去夯实外交基础，建立与资源国良好的沟通机制与双赢合作机制，为中国企业海外投资营造良好的“软环境”，增强能源企业获取海外油气资源的能力。第四，加强海外油气安全运输体系建设，除了加强海军力量，保障中国海上石油运输生命线的安全外，更要拓展石油运输通道，积极寻找新海上通道，加快中亚、中哈、中缅、中俄油气管道建设，最大限度地减少对马六甲咽喉要道的依赖。此外，还应在能源开发、利用、技术、环保、可再生能源和新能源加强对话和合作，在能源政策、信息数据等方面开展了沟通与交流。

四、强化能源科技创新能力，从技术上提升能源利用效率和供应能力，推动经济社会可持续发展

坚持节能优先，就是在能源消费端，重视能源资源的节约，把利用化石能源资源控制在资源环境可承受的承载力范围之内；构建“三足鼎立”的能源格局，就是在能源生产端，大力发展绿色、低碳能源，促使能源供应结构向低碳化方向前进，都需要能源科技加以支撑。

虽然我国能源科技水平不断进步，在一些重大技术上屡屡有所突破，自主创新能力不断加强，但总体上看，能源科技自主创新的基础还比较薄弱，核心和关键技术仍然落后于世界先进水平，主要关键技术和设备仍依赖于国外引进。与发达国家相比，在能源开采、转换、存储和运输、高效与清洁开发利用等技术领域存在较大差距。

为此，建议强化能源科技创新能力，从技术上提升能源的可持续发展。对关系国家安全、不可能引进或引进代价过高的战略性核心技术，在组织结构和资金投入方面要有新举措。应借鉴美国的能源国家实验室、欧洲的能源合作中心、日本的新能源产业开发机构（NEDO）在先进能源技术的研发、推广与商业化方面的成功经验。基础理论研究由国家组织队伍承担，先进适用技术研发要鼓励产、学、研究相结合，理顺利益和知识产权的分配关系。建立较好的风险补偿机制，以经济激励手段推动企业成为技术自主创新的重要生力军。

对事关未来发展全局的先进能源技术，要着眼未来，重点突破。应部署一批前瞻性的能源技术项目研发，在做好高温气冷堆、快中子堆等新一代核能技术的基础研究及工程试验的同时，重点做好车用燃料的替代技术及其装备的研究与开发，特别是纤维素制取燃料乙醇研究与开发，做好试验和示范，为大规模液体燃料替代做好技术准备。另外，还要做好高效率、低成本的太阳能热发电、太阳能薄膜发电技术和装备的研发工作，适量安排超导技术、氢能技术、受控核聚变技术以及二氧化碳近零排放等前瞻性能源技术的研究工作。

五、稳步推进能源机制体制改革，从制度上保障可持续发展

要推动能源生产和消费革命，实现能源转型离不开制度保障。能源行业涉及经济、资源、民生、外交等诸多领域，决定了能源管理的复杂性。目前我国能源主管机构非常分散，除了国家相关管理部门外，国家电网、中石油、中石化、中海油、神华集团等大型能源央企也参与部分能源决策，政府在能源管理中的“缺位”、“越位”、“不到位”的问题依然存在。目前对能源管理以项目审批为重点，对事关能源全局的战略问题思考不够，发挥市场对资源配套的基础作用、引导能源科技朝着高效、清洁、绿色、可持续发展方向还不足，能源监管体制还不健全。因此，积极推动我国能源管理体制、能源科技体制、能源价格形成机制等方面的改革与创新，形成有利于能源产业可持续发展的机制显得十分迫切。

建议按照“大能源”的视野和要求，成立更高级别的能源综合管理部门，完善能源协调管理机制，改变各个专业领域各自为政的局面。全面负责制定能源战略，用战略指导规划，规划落实战略。能源政策、法规标准和经济调节手段要按战略和规划的要求调整。以有力的宏观调控手段，调整结构、大力节能、转变发展方式；对能源新产业，主动进行优化引导；对争议较大的能源重大决策，通过科学程序主动决策，推动能源行业整体协调和可持续发展。另一方面，要按照“政监分离”的原则，建立一个相对独立和完善的能源监督体系，组建专业化的、独立于能源主管部门的国家级煤炭、电力、石油天然气等监管机构，以经济、行政等综合手段加强对能源市场的监督和管理。

考虑到重大能源技术对我国未来能源转型具有重要支撑作用，而其研发具有周期长、投入大的特点，许多能源技术从研发到产业化往往要经历十几年，乃至几十年的连续投入，因此能源技术的研发往往需要政府的大力支持①。我国的能源行业和装备制造业过去曾拥有过比较完整的国家级科技研发体系，但近年来有的被划入能源生产和装备制造企业集团，有的转制为独立

① 美国政府在能源技术领域内投入了大量人力、财力和物力，由能源部指导的若干个国家实验室，统领、组织和协调全国乃至世界（通过国际能源机构）能源技术的研发工作，保证了美国的能源技术研发的全局性、连续性和前瞻性，使美国的能源技术始终占据世界领先地位。

的企业实体，国家级科技全局性被明显弱化，为此，应加强国家宏观管理，完善国家能源技术研发体系，由国务院能源主管部门统一领导能源技术的研究与开发工作，恢复重大能源技术的国家级科研院所独立建制，由国务院能源主管部门统一组织开展能源科技的前瞻性、战略性研究。

应加快能源体制、机制改革，理顺能源比价关系，推进能源产业的市场化，打破资源开发垄断和市场分割格局，引导和激励市场主体在充分竞争中节约资源，提高资源利用效率，鼓励促进高效、低碳能源的开发和利用。在电力行业，建立竞争、开放的电力市场，建立促进新能源发展、调节市场供需、激励多层次市场主体的灵活智能电价体系，形成电网吸纳新能源的新体制；适时放宽民营资本进入石油天然气和非常规天然气勘探、开采、管网输送、石油化工、油品流通领域限制，提高高效化石燃料比重，促进能源生产和消费结构的优化。

（本文原载《中国科学院院刊》2013 年第 2 期）

迈向一元经济的我国工业发展阶段性特征与趋势

付保宗

内容提要

当前我国经济进入由二元经济向一元经济迈进的关键阶段。在这一阶段，依托低成本劳动力的工业竞争优势趋于弱化，以高投资推动工业增长的模式受到挑战。综合判断，我国工业在经济中的比重或将见顶并进入趋势性下降通道，工业结构将向“去劳动密集型”方向转换，其中技术进步和价值链升级是结构调整的关键。

当前，我国农村劳动力供给形势正在发生深刻变化，经济发展进入由二元经济向一元经济迈进的关键阶段，受其影响，我国工业发展也将呈现新的趋势。

一、我国农村劳动力供给形势正在发生深刻变化

（一）农村劳动力从无限供给转向有限剩余

改革开放以来，我国开始出现农村剩余劳动力向城市转移的现象，尤其是自2000年我国加入WTO之后，农村剩余劳动力转移一直保持很高的增量。到2011年，农民工总量达到2.53亿人，其中外出农民工1.59亿人。近年来，农业剩余劳动力不断减少，劳动力无限供给的局面逐步改变。自2004年开始，东部沿海地区出现结构性民工短缺现象。“民工荒”的出现，表明劳动力供给形势发生了变化。

首先，农业劳动力转移数量趋于下降。1998～2007年，外出农民工总量增加9000万人，平均每年新增900万人左右；2007～2011年，外出农民工总

量增加3000万人左右，平均每年新增600万人左右，年均新增量比前十年减少约300万人。

其次，转移劳动力的工资呈现加速上升态势。根据相关调查，2003～2006年，到本村以外从事生产经营活动的农民工人均月工资由781元增加至953元，增长22.0%，年均增长6.93%；2007～2011年，外出农民工月工资年均增长16.4%，远远高于之前的增速。其中，除2009年受国际金融危机影响增速较低外，其余4年增速均高于10%。在劳动力供给形势日趋紧张的背景下，各地纷纷上调最低工资标准。从2008年到2012年，全国最低工资标准年均增幅达到12.6%，部分省份超过20%。据此推断，此时我国农业剩余劳动力无限供给的局面正在改变，工业部门只有提高工资才能吸引更多的农业劳动力发生转移。

（二）农业和工业劳动生产率的差距依然较大

随着农业剩余劳动生产力不断向非农产业部门转移，农业就业人数不断减少，农业劳动生产率不断提高。2000～2011年，第一产业就业人数由3.6亿人减少到2.66亿人，农业劳动生产率由0.41万元/人提高至1.79万元/人。农业和工业劳动生产率差距则呈现先扩大后缩小的趋势，尤其从2005年开始，尽管工业劳动生产率持续增长，但工农业劳动生产率的差距却逐年缩小。2003年，第二产业与第一产业劳动生产率之比达到高点为8.17倍，2004年有所下降，2005年为7.35倍，之后逐年下降至2011年的5.48倍。

工农业劳动生产率差距不断缩小的趋势表明，工业部门发展所需要的农业剩余劳动力正面临越来越高的机会成本，为了吸引更多的劳动力从农业部门转移出来，需要付出越来越高的成本；随着这一趋势的继续发展，未来工农业劳动力市场将趋于统一，二元经济状态也将结束。同时，当前工业劳动生产率仍然明显高于农业的事实表明，我国农村剩余劳动力的供应并没有达到硬约束的程度，劳动力从农业部门向工业部门转移仍然有助于提高整体经济效率，也有助于提高劳动者收入水平。

未来，随着劳动力供给日趋紧张，农业和工业的劳动生产率差别消除，经济发展将由二元经济转化为城乡统一的一元经济状态。

二、持续多年的工业高增长面临制约

一直以来，工业尤其是制造业是吸纳农民工最多的领域。因此，工业也成为受劳动力供给形势变化影响最大的领域。

（一）依托低成本劳动力的工业竞争优势趋于弱化

改革开放以来，依托农业剩余劳动力转移而形成的低成本劳动力比较优势，推动工业保持了持续高速增长的态势，为我国工业参与经济全球化竞争提供了重要动力。2011 年从事制造业的农民工占农民工总数的 36.0%。大量农村剩余劳动力向非农部门转移，充足的低成本劳动力供给打破了资本报酬递减规律，使工业利润率长期保持在较高的水平，有力地推动了工业持续的快速增长。2000～2011 年，规模以上工业企业工资总额占销售收入的比重持续降低，从 4.44% 下降到 2.37%，而销售收入利润率则总体呈现上升的态势，从 5.22% 提高到 7.29%。目前，即使考虑到社会保险费和其他劳务支出（合计约占工资基数的 40%），我国工业企业劳动成本占销售收入比重也只不过在 5% 左右，明显低于发达国家 10% 以上的水平。

近年来，我国出现了新一轮重工业发展阶段，资本密集型产业在制造业中的占比不断提高，整体工业领域的资本深化极大地促进了短期内劳动生产率的提高。与此同时，由于社会资源过度集中于投资领域，对劳动力素质和技术投资明显不足，劳动生产率提升缺乏可持续性，随着资本密集型产业增速的放缓劳动生产率提升将面临越来越大的压力。2004～2008 年，我国制造业人均增加值年均复合增长率为 15.7%，同期人均工资年均复合增长率 17.3%，明显超过劳动生产率增速。

2008 年以来，受全球经济危机影响，许多制造业生产率增长大幅放缓，但劳动工资增长下降幅度较小。以占出口四分之一的通信和电子设备业为例，2008 年和 2009 年该行业人均增加值分别下降 4.5% 和增长 2%，而其人均工资仍然分别增长 23.6% 和 10% 以上。从国际比较来看，尽管我国的工资水平远远低于发达国家甚至韩国等新兴工业国家水平，但考虑到我国的劳动生产率仍低于上述发达经济体，如果按单位产出衡量劳动力成本，我国与发达经济体之间的差距将会大幅收窄。并且和其他发展中国家比较而言，我国在劳动力成本的比较优势正在逐渐丧失。2009 年，我国制造业就业人员小时工资达到 2.04 美元，高于越南（0.89 美元）、泰国（1.96 美元）等周边发展中国家，也高于墨西哥等同类国家。未来，如果工业劳动生产率增长不能适应劳动力工资的上升，劳动力名义工资的提高必将转化为实际成本的上升，最终将导致资本边际报酬递减现象。

（二）以高投资推动工业增长的模式受到挑战

在二元经济发展条件下，由于劳动者收入长期保持在较低水平，很大程度制约了居民消费能力的提升，从而导致消费率偏低而储蓄率偏高，间接提高了资本的积累率并推动了工业投资的增长。2000～2005 年，我国劳动报酬与 GDP 的比率呈现由 51.4% 下滑到 41.4%，同期最终消费在 GDP 中的占比由 62.3% 下降到 53%，而投资在 GDP 中的占比由 35.3% 提高到 41.5%。资本的高积累率以及高回报率，形成了我国近年来以高投资为动力的工业增长模式。具体表现在工业投资增长明显快于产出和就业增长。2004～2011 年，我国工业领域的固定资产投资年均增长了 19.7%，而工业增加值和工业领域的就业人数分别仅年均增长了 11.5% 和 3.7%。与此对应的是工业企业人均固定资产拥有量持续增长，资本深化趋势十分明显。以不变价计算，2004～2011 年我国工业企业人均固定资产净值由 11.5 万元增加到 18.4 万元，增长 60%。

从目前趋势看，劳动力短缺将推动劳动者收入增长，将对资本积累形成一定的抑制作用。从日韩两国发展历程看，在农业劳动力短缺到来之际，劳动者报酬在国民收入中的比重呈现明显上升的态势。1961～1966 年，日本劳动报酬与 GDP 的比率由 44% 提高到 47.6%，1975 年最高达到 58.5%；1981～1983 年，韩国劳动报酬与 GDP 的比率由 38% 提高到 39.9%，1991 年提高到 45.9%。我国近年来也出现了相似的变化。2005～2011 年，劳动者报酬与 GDP 的比率从 41.4% 上升到 44.9%。这一时期，消费率下滑的趋势明显放缓，2006 年和 2011 年分别为 50.8% 和 49.1%。

这一时期，尽管趋于稳定的消费率对高投资形成一定的压力，但由于 2008 年国际金融危机以来政府出台了一揽子投资刺激政策，人为抬高了当期的投资水平。2007～2008 年投资率由 41.6% 上升到 43.8%，2009 年大幅提高到 47.2%，2011 年仍然保持在 48.1% 的水平。显然，依靠政策刺激带来的短期高投资率难以持续。随着劳动者在收入分配中受到更高的重视，劳动报酬与 GDP 的比率或将继续上升。劳动者实际工资和即期收入将步入上升通道，同时，社会也更加重视分配问题，并致力于建立更为完善的社会保障体系，因此，劳动者消费能力和消费倾向都将有所提高。居民消费水平上升有助于改善国内需求结构，化解部分行业的产能过剩风险。同时，也会相应降低储蓄水平和资本积累率，将给依靠高投资推动的工业增长带来一定的抑制作用。

（三）工业在经济中的地位或将见顶并进入下降通道

从日韩两国发展历程看，在经历农业劳动力短缺之际，其工业在经济中的地位均产生了较明显的趋势性变化。20 世纪 60 年代中后期，日本第二产业（主体为工业）占 GDP 的比重在经历了高位趋稳之后开始显著下降，1960 年和 1965 年日本第二产业占 GDP 比重分别为 46.5% 和 46.4%，而从 1970 年到 1975 年则由 46% 下降到 41.7%，5 年下降了 4.3 个百分点。韩国也有相似的经历，1985 年，韩国第二产业（主体为工业）占 GDP 的比重在达到 40% 左右的高点，之后保持基本稳定，并在 1995 年之后逐步下降。

改革开放以来，我国第二产业和工业占 GDP 比重经历了先降后升然后在高点徘徊的过程。2006 年，第二产业和工业占 GDP 比重分别为 48% 和 42.2%，两者均达到了自 1981 年以来的最高点，近 5 年来开始呈现逐渐下降趋势。当然，与日韩相比，我国存在人口基数大、地区发展不均衡的自身特点，仍然可以在较长时期通过内部产业结构升级和产业区域转移的方式来延续工业的惯性增长；但在劳动力成本上升条件下，面对资本报酬率递减和资本积累率降低带来的压力，我国工业高速增长仍然会面临很大挑战，工业在经济中的比重或将见顶并进入趋势性下降通道。

三、工业结构向“去劳动密集型”方向转换

日本和韩国在经历农业劳动力供给约束之后，工业结构均产生明显变化，总体上向“去劳动密集型”方向发展。

一方面，行业结构从最初劳动力密集型产业向资本密集型产业再向技术密集型产业转型升级。日本在 1960 年之前，食品饮料、纺织品、造纸印刷等劳动密集型产业在制造业中比重较高，之后开始持续下降；1960 年之后，金属、化学、石化等资本密集型产业占比提高后保持相对稳定态势，同时，金属制品、通用设备、电子设备等技术密集型产业占比则持续提高。韩国在相似阶段，制造业结构呈现与日本类似的变化，同样是食品饮料、纺织品等劳动密集型产业比重持续下降，而石化、金属及其制品、机械、电子设备、交通设备等资本和技术密集型产业成为其重要产业。

另一方面，更重要的是，面对农业剩余劳动供给的深刻变化，日韩两国通过技术进步推动制造业由低端劳动密集型环节向高端环节迈进。日本为了迅速缩小与欧美国家的技术差距，大力引进和消化吸收海外技术。1950 ~

1959 年间平均每年引进 103 件，1960～1967 年间平均每年引进 469 件，实行自由化后的 1968 年为 1061 件，1969 年为 1154 件。通过发挥后发优势，日本企业的技术力量具备了相当强的国际竞争力。到 60 年代末期，日本的产业技术水平大体上已经赶上了欧美国家。

韩国同样重视技术结构升级，1962～1993 年，韩国共引进国外技术 8766 项。到 20 世纪 90 年代，韩国在一般技术领域已经与发达国家相差无几，韩国产品国际竞争力与日俱增。日韩两国通过技术进步，多数制造业实现了由低端加工制造向高端研发设计环节的升级，较大程度上化解了劳动力成本上升带来的冲击。

与日韩发展经历相似，当前我国工业的行业结构向“去劳动密集型”方向变化的趋势较为明显。近年来，以食品饮料、纺织服装等为代表的劳动密集型产业在制造业中的比重呈现持续降低的态势，以石化、钢铁、有色、建材等为代表的资本密集型产业比重在高位保持相对稳定，而以装备制造、电子信息等为代表的技术密集型产业比重持续增长。从 2000 年到 2010 年，劳动密集型产业产值占制造业的比重由 28.4% 下降到 17.8%，资本密集型产业比重由 35.9% 提高到 38.3%，技术密集型产业则由 35.7% 提高到 43.1%。显然，当前我国工业行业内部结构的变化与先行工业国家的发展规律基本吻合。工业结构的“去劳动密集型”变化有利于提升工业整体劳动生产率，对消化劳动力成本上升、化解劳动力供给约束起到一定的积极作用。

与日韩等先行国家发展的同一阶段相比，我国工业技术结构和价值链升级的进程又相对滞后。尽管我国技术密集型行业在制造业中的比重不断提高，但劳动生产率提高仍然更多地依靠高投资条件下的资本劳动比率升高，而技术进步对提高劳动生产率的贡献则相对偏小。根据相关估算，从 1978～1994 年期间资本劳动比提高对劳动生产率的贡献为 45.3%，到 2005～2009 年期间则提高到 64.7%，相应的全要素生产率对提高劳动生产率的贡献从 46.9% 大幅度降低到 31.8%。目前我国制造业整体研发投入强度不仅与国际先进水平存在较大差距，甚至低于世界平均水平。2011 年，我国 R&D 经费支出相当于国内生产总值比率为 1.84%，而 2007 年世界平均水平已达到 2.07%，日本和韩国分别为 3.44% 和 3.21%。研发投入强度较低导致多数行业自主创新能力和技术水平不高，即使在电子信息等典型的技术密集型产业领域，我国企业也主要集中在劳动密集型的加工制造环节，长期处于产业价值链的低端，形成了技术密集型产业无技术的尴尬局面。我国工业由于劳动密集度较高，对劳动力成本变化的敏感度也相对较大；而由于产业分工地位不高，企业利润水平被压制在较低水平，劳动力成本上升的压力却难以通过提高产品价格向下游转嫁。

综上所述，在新的发展阶段，单纯依靠工业行业结构调整难以完全达到提升产业竞争力的目的，同时调整工业技术结构并提升价值链分工地位才能有效推动工业持续健康发展。为适应形势变化，从需求方面，需通过提高工业发展质量，降低劳动力供给紧张的压力；从供给方面，需通过提高农业产出率和提升劳动者素质，进一步挖掘劳动力供给潜力。

（本文原载《调查研究建议》2013 年第 4 期）

加强战略协调　应对能源安全

朱跃中　梁　琦

内容提要

建议在国家安全委员会框架内设立国家战略层面的能源安全协调机构。其功能主要为最高级别的决策服务，不受其他机构制约。

改革开放 30 多年以来，我国能源供给基本满足了经济社会发展需求。进入新世纪，国际能源供求格局出现了新变化，孕育新的趋势，维护能源安全外部环境更加复杂。我们在涉及能源安全的很多方面均面临新挑战和新要求。

一、当前我国能源安全面临的重大挑战

（一）不合理的能源消费结构使国内环境安全日益突出

目前，我国一些城市的雾霾天气已经超过 100 天，有些城市雾霾天气几乎常态化，严重影响了广大人民群众的身心健康。这是不合理能源终端消费结构矛盾的集中表现。

数据显示，我国城市 PM2.5 构成中，燃煤排放占到 50%，机动车燃油排放占 20%，燃煤排放是导致雾霾天气的主要原因。随着城镇化进程的推进，这样的消费方式和消费结构若不改变，环境污染必将成为对民生的最大威胁。同时，因生态、环境问题、产业发展而引发的群体性事件时有发生，有些事件出现蔓延的倾向。

我们面临的新的环境安全问题拓展了我国能源安全的内涵和外延，对能源安全的关注，已从强调上游的能源供应安全到能源生产、消费引发的生态环境乃至民生问题，将成为我国经济决策、能源决策的重要因素。

（二）能源需求总量继续增长，对外依存度攀升趋势依旧存在

我国能源消费总量现居世界第一，占世界总消费量的 20%，而 GDP 尚不到世界的 10%。10 年来年均能源消耗增速为世界平均速度的 3 倍。我国能源对外依存度不断攀升，石油对外依存度超过 57%。煤炭也由净出口大国变成为净进口大国。

今后 10 多年是我国工业化、城镇化、现代化加速发展的关键时期，未来能源需求增长趋势难以短期内逆转。如果继续目前这种“敞口式”能源消费方式，2020 年我国能源需求极有可能超过 45 亿吨标准煤。为解决当前因燃煤、汽车尾气排放引发的雾霾天气，很多城市均将能源结构改善放在扩大天然气利用。这样，届时我国的能源对外依存度将从目前的 13% 提高到 20% 左右。其中，石油对外依存度可能超过 70%，天然气进口依存度也可能接近 50%。

（三）国际能源格局发生变化，能源地缘政治形势紧张

整体上看，当今世界正处于新的历史时期，我国作为最大的发展中国家，很难避免传统大国的战略遏制。

近十多年来，国际能源格局发生了显著变化。主要大国通过实施能源独立战略，减少了对传统能源和传统能源资源地的依赖，有条件采用更多手段在能源资源获取、能源企业并购、能源技术引进、能源清洁发展、能源资源定价、能源运输通道等方面对我国采取遏制措施。

有些国家，为了加强对我国的中长期战略遏制，开始挑动能源资源敏感区域，导致能源地缘政治势态紧张。特别是位于中国周边和国际能源运输通道沿岸的区域越来越呈现出紧张趋势。这对于我国充分利用境外和海洋潜在能源资源产生巨大不利影响。

有些国家还利用货币霸主和金融影响力，控制能源交易体系，通过金融、期货等手段操纵能源资源价格，加大了我国能源安全风险。

二、大国的经验和启示

面临新的挑战，我们要树立新的能源安全理念。应充分认识到，维护能源安全，既要确定科学合理的国内能源发展战略，发挥优质清洁能源作为经济社会良性发展的推动机作用，又要积极开展能源外交，保证能源稳定、持续供应，促进国内能源技术升级和能源机构优化。同时，又要在能源突发应

急处置，能源安全公共认知，能源节约技术推广等各个方面丰富模式、完善机制、发挥良效。

做好这些工作，需要一个相对独立、综合、具有前瞻性思维和战略性定位的能源安全协调和决策平台。

实际上，当今世界许多大国都在经济社会发展到一定时期时建立了国家战略层面的能源安全协调机构，大多设置在国家安全委员会内部。从实际效果看，都发挥了积极的作用，有些经验值得借鉴。

（一）以准确的定位服务国家能源安全

国家能源安全协调机构的定位主要包括三个方面：功能定位、职能定位和权限定位。

功能定位。基本上可概括为两个方面：一是为最高政策决策提供咨询和评估，二是为政策修订和完善提供替换方案。即所谓的建言献策、匡正得失。首先，该机构是为最高决策服务的，不受其他机构制约。其次，它相对独立和超脱，专注于调查研究、政策分析、战略规划和效果评估。在最终决策方面，它拥有一定的建议否决权。

主要职能有三项。①信息收集和研究。政策研究的基础是信息，采集、梳理和分析相对真实、客观而又及时的信息是决策建议是否实用的关键。②战略规划和指导。每一个国家都要制定维护能源安全的中长期战略规划，该机构可以从国家战略层面制定规划并指导实施。③政策评估和完善。提出具体能源政策建议，评估其实际效果并在实施过程中提出修改意见也是此类机构的重要工作。如有些国家会专门成立某一项政策的评估和跟踪小组，随时反应情况，力争政策效果最大化。

权限定位。国家能源安全协调机构主要有两方面的权力。一是正向权力，就是向最高决策层的建议权。二是反向权力，就是针对重大问题的否决权或质疑权。当然这里的否决权也是指以建议的形式表达否决，而不是对具体项目的最终否决。

（二）以相对独立立场尽量减少利益集团负面干扰

该类机构力求保持立场独立，尽可能破除部门、行业和区域利益，尽最大可能从国家战略利益的角度考虑问题，研判形势并提出建议。实际上立场独立也包含最大限度的利益协调，对于部门、行业和区域利益不是完全忽视，而是要和国家的中长期战略利益进行协调。在各个国家这样的协调都具有很大的挑战性，一般来说，需要从人员配备、议事规则、经费独立和正反方案对比等方面进行整体设计。

（三）以灵活系统保持决策建议及时高效、渠道畅通

该类机构的另一个显著特点是系统灵活。成熟的系统基本要具备有效性和灵活性两大特征。特别是如此定位的机构更要力戒官僚惰性的负面影响。在信息分析方面，要建立强大的信息收集和梳理体系，强大不仅仅是覆盖面广而且是能灵活的深入到相关部门和企业获取第一手的资料。在建议报送方面要尽可能压缩报送流程。在决策协调方面要尽可能打破常规，实现即时的有针对性的协调。灵活性是此类机构的活力所在。

（四）以强大的网络体系保障足够的智力支持

对大国而言，单纯依靠这样的协调平台承担能源安全方面的政策研究和决策建议是不够的，需要以此为智力中枢，建立起有关能源安全的网状体系。这个体系中包括各种机构的重要研究成果、政策建议和意见反映。在当今的信息化时代，各个部门、研究机构、大学、企业、民间智库和社会精英都从不同的角度对同一问题进行解读和分析。能源安全协调平台需要通过固定机制和他们建立起多重的网状联系，收集整理大数据，为决策提供更多客观真实的智力支持。

（五）以合理的人才机制确保研究出成果、建议出效果

发挥该类机构的最大作用主要是要设计好机制，其中人才机制尤为重要。大部分大国的该类机构都网罗了大批的尖端专业人才，从事相关的日常基础工作。一方面，人才的范围要广泛，局限的人才产生局限的视野，要尽可能地让不同的人从不同专业角度对某一个问题进行研判。另一方面要用制度调动人才的积极性，确保他们最大限度的发挥聪明才智。通常从提高使命感和待遇予以保证。国家战略高度的咨询决策机构一定要区别于其他的研究机构，要让所有的人才在特定环境中为了特定的使命感而勤奋工作。

三、政策建议

（一） 建立稳定、常态国家能源安全咨询、规划和决策协调机构

建议在国家安全委员会下设立能源安全委员会，整合资源，成立常设机

构。建立战略和政策研究机制，负责政策咨询和规划；建立联席会议协调机制，负责重大政策协调；建立政策跟踪和评估机制，负责在政策后续修改和完善；建立外交综合统筹机制，负责统筹能源外交目标。

（二）从战略和政策研究机制着手，逐步建立有效网状体系

首先，建立独立能源安全信息的采集、梳理和研究机构，负责牵头工作，并逐步和相关机构建立固定的联系，形成采集、报送、交流机制。即时对信息、研究成果、政策建议和政策反馈进行收集分析。

其次，在此基础上不断扩大范围，利用现有的平台，布局不同的信息收集点，特别是对国际能源安全信息的采集和跟踪，可以以各种方式展开。

再次，最终应该形成一个以服务于能源安全战略决策为目标，涵盖部门、行业、企业，覆盖主要能源地缘政治参与者的网状信息体系。

（三）合理厘定人员结构，形成有效决策体系

政策决策层由涉及能源安全方方面面的部门主管组成，负责对各种政策建议方案进行最终的评定和完善，定期召开能源安全决策会议，形成对重大问题的最终决策意见。

政策研究层由专业从事能源战略、能源经济、能源政治、能源技术等方面的政策研究人员组成，即负责收集、整理、分析各类研究成果又对专题问题进行深入研究，提出可行性方案和决策依据。

政策评估层面应该由广泛的从事综合性工作或一线具体工作的人员组成，可以采用人员轮流机制，对政策效果进行评估，及时提出改进意见。

（四）抓紧确定我国能源安全体系重大战略目标的实现路径

应对新挑战必须确定我国能源安全体系的各项重大战略目标。其核心目标是，全面提升持续稳定的能源供应能力、合理需求调控能力、风险规避与应对能力、国际能源市场影响能力。

现在紧迫的任务是要尽快为上述任务谋划切实可行的路径。首先要对以前的能源安全政策进行评估，需调整的要调整，该重来的应重来；其次要从战略高度对我国能源安全所处的新阶段，出现的新问题，面临的新挑战进行分析，勾画出符合实际的未来20年能源安全情景；最后，在此基础上确定能源安全各个领域目标的实现路径，提出中长期实施方案。

（五）加快能源立法，构建能源安全法律保障体系

现行的能源法律体系主要存在两个问题。第一，统筹全局的能源基本法，石油、天然气、原子能等领域的能源法律缺位，尚无能源公用事业法。第二，原有能源法规需要重新修订，立法空白多，可操作性差，规定过于原则化，没有相关行政法规和规章相配套，难以实施从而导致执法和司法困难。同时，新法与旧法、能源法与其他法律之间衔接性差，甚至存在冲突，能源法律与政策的界限不清。

目前需要出台能源基本法，用以统领、约束、指导、协调各个单行能源法律、法规。需要通过此法确立能源以及能源战略在国家经济活动中的战略地位，规制能源结构调整和能源布局的方针，明确各类能源市场主体和市场模式、运行规则和市场监督，规范各级能源管理机构的职责和权利，最终确保国家能源安全的法律保障。

（本文原载《调查研究建议》2013 年第 51 期）

统筹陆海资源开发的思考

宋建军

内容提要

我国是陆海兼备的大国，陆地资源瓶紧约束日趋强化、海洋资源开发前景广阔。根据我国陆海资源利用面临的形势，建议今后一段时期统筹开发陆海资源五个方面的任务，即统筹近海和深远海生物资源开发、统筹陆海能源资源开发、统筹陆海矿产资源调查评价与开发、统筹淡水节约和海水利用、统筹海岛保护与开发。

我国既是陆地大国，也是海洋大国，除拥有960万平方公里的陆域国土外，还拥有300万平方公里的管辖海域；在国际海底区域还拥有7.5万平方公里的多金属结核区。充分发挥我国海陆兼备的优势，把陆地和海洋作为整体考虑，根据国内发展需要和国际上海洋开发形势变化，协调陆地资源利用和海洋资源开发的关系。以维护国家利益和保障资源安全为出发点，以陆地资源开发技术和产业为依托，以创新海洋科技为动力，统筹近海资源开发与深远海空间拓展，统筹管辖海域资源开发与国际海域资源利用，着力提高海洋资源掌控能力和综合开发能力，逐步形成以陆促海、以海带陆、陆海资源统筹开发的格局，为把我国建设成为海洋强国奠定坚实的基础。

一、统筹近海和深远海生物资源开发

坚持生态优先、养捕结合和控制近海、拓展外海、发展远洋的方针，统筹兼顾海洋生物资源需求、资源养护和生态环境保护，实现养殖、捕捞、深度开发协调发展。

（一）严格控制近海生物资源捕捞强度、拓展远洋渔业作业海域

切实保护近海天然生物资源，严格控制近海捕捞强度。优先推动对黄海、

东海、南海争议区渔业资源开发，在专属经济区形成生物资源开发和海产品生产基地。

积极发展远洋和外海渔业，把占有国际水产资源作为现代渔业发展的主攻方向，扩大远洋渔业作业海域，由近海拓展到中西太平洋、印度洋、西南大西洋的斐济、阿根廷等国家和地区，作业方式由单一的拖网拓展到金枪鱼延绳钓、围网船和鱿鱼钓等。在太平洋、印度洋和大西洋岛国建立远洋渔业服务基地，形成大洋渔业、极地渔业和海外综合远洋基地全面发展的格局。

（二）积极发展高效海水养殖

推广高效生态养殖技术，建立近海养殖清洁生产示范工程，在海南、辽宁等海域建立一批专业化、工厂化养殖基地，逐步向海洋农牧化发展，积极发展海外养殖基地。以综合配套和工程化技术体系为支撑，发展综合养殖、生态养殖和健康养殖，建设具有中国特色的陆地基工厂化养殖与深海基地网箱养殖。

加强海洋生物技术开发研究，以海水养殖优良品种培育和健康苗种繁育为重点，培育优良品种及抗病抗逆品种，稳步提高海水养殖良种覆盖率，推进海水养殖业从“规模产量型”向“质量效益型”转变，使我国由海水养殖大国变成海水养殖强国。

（三）加快开发海洋药物和生物制品

瞄准海洋新药研究发展前沿，针对严重危害人类健康的肿瘤、神经系统、代谢性以及感染性疾病，建立符合国际规范的海洋药物科技创新体系和功能完备的海洋创新药物研究开发技术平台，支持具有自主知识产权和市场开发前景的海洋药物研发。开发海洋生化制品，形成工业用酶、生物材料、化工原料，提高海洋生物技术产业效益。支持海洋药物和生物制品研发与产业化，促进海洋生物医药和生物制品业发展。建立海洋生物和药物资源样品库，推进海洋生物产业公共服务及创新平台建设。

二、统筹陆海能源资源开发

调整陆地能源生产结构，加快海洋能源开发，有效增加清洁能源供应，缓解煤炭大量消费引发的环境污染。

（一）调整陆地能源生产结构

促进陆地天然气产量快速增长，推进煤层气、页岩气等非常规油气资源开发。积极研究和开发太阳能、地热能、风能、核能以及生物质能等“绿色能源”的新技术和新工艺，实施一批具有突破性带动作用的示范项目，推进有序开发和商业化利用。强化对核能企业和项目运行的监管，在确保安全的基础上有序发展核电。在做好生态保护和移民安置的前提下积极发展水电。加快分布式能源发展，将可再生能源纳入国家电网建设规划，提高电网对非化石能源和清洁能源发电的接纳能力和调度的自动化水平。

（二）加快海洋油气资源调查评价和开发

根据“合作勘探开发与自主勘探开发相结合”的原则，加快开展小比例尺和重点海域中比例尺海洋区域地质调查，尽早实现我国管辖海域区域地质调查全覆盖。尽快完成黄海、南海北部深水区油气资源调查评价，以发现一批大中型油气田。加快深远海特别是专属经济区和大陆架海洋资源勘探进程，为形成海上油气接续基地提供资源储备。

提高渤海、东海、珠江口、北部湾、莺歌海、琼东南等海域油气田采收率，配合海洋油气资源开发，在陆上港口附近建设若干海洋石油基地。逐步减少渤海油气资源开发，将渤海变成国家油气资源战略储备基地。根据“搁置争议、共同开发”的原则，加强我国与南海周边国家的合作，加快包括南沙群岛在内的南海区域油气资源开发，加强后勤服务与保障基地建设。逐步推进海洋油气资源开发由近岸浅海向远海和深水转移，在大陆架区域形成油气资源开发基地。

（三）科学开发海上风能、潮汐能等可再生能源和新能源

制定海上风电发展规划，完善配套基础设施，提高气象保障能力，加强电网并网技术研究。积极发展离岸风电，提高产业集中度，有序推进海上风电基地建设。

推进近岸万千瓦级潮汐能电站、近岸兆瓦级潮流能电站、海岛多能互补独立电力系统等示范工程建设。采用政府专项支持与大型能源企业出资参与相结合的方式，在浙江、福建等地开展海洋可再生能源规模化利用示范工程，推进国产海上风电装备大规模利用。

以天然气水合物开发及利用关键技术和中试示范为切入点，以钻探取芯、

化学工程与热能工程为主要手段，开展天然气水合物开采和衍生应用关键技术研究，形成具有自主知识产权的技术系列，以满足国内能源开发和抢占国际技术市场需求。

三、统筹陆海矿产资源调查评价与开发

坚持“陆海并举”的原则，发现可供开发的矿产后备基地，提高陆地矿产资源综合利用水平和深海资源开发技术储备能力。

（一）推进实施陆地找矿突破战略行动计划

加大中央和地方财政的地勘投入，以石油、天然气、铁、铜、铝、铅、锌等国家紧缺矿产为主攻方向，在天山—兴蒙—吉黑构造带、南方中上扬子海相盆地、青藏高原、重点海域等油气资源远景区，国家规划建设的神东、晋北等 14 个亿吨级煤炭基地，晋冀、辽东吉南、天山—北山等 19 个重要成矿区带，以及大中型矿山深部和外围开展矿产勘查，实现陆地找矿重大突破，提供一批可供开发利用的矿产后备基地，为山西、鄂尔多斯盆地、蒙东、西南和新疆五大国家能源战略基地建设，铁、铜、铝、铅、锌等国家急缺矿种接替基地建设，提供资源保障。

（二）强化陆地矿产资源综合利用

整合矿产资源综合利用研发力量，形成协同攻关机制，重点支持一批矿产资源综合利用关键技术研发，实施大型技术联合攻关，推动科技进步与创新；对重大采选冶技术、矿产综合利用技术、循环利用技术等进行示范性研究与开发，最大限度利用矿山尾矿。将矿产资源综合利用纳入矿产资源规划，完善矿产资源综合利用法规标准，健全财税配套政策，完善资源综合利用认定，加快成熟技术的推广应用。

（三）加快储备深海矿产勘查、开发技术

建设深海海洋勘探开发技术及设备平台，推进水下运载及作业装备的产品化和国产化，初步形成4500 米水深级浮力材料、长效高密度电池、大直径耐高压钛合金球壳、水密接插件、水下电机、水下推进系统、液压系统、机械手等配套通用关键部件产业化基地。

积极发展深海固体矿产、深海生物基因等资源的勘探、开采、加工技术

体系，推进技术体系及其设备制造的产业化进程，为适时建立深海产业提供关键技术装备。加快专属经济区和大陆架的资源勘探开发步伐，以达到掌控资源和宣示主权的双重目的。积极参与国际海域资源调查评价，加强深海基础科学和调查评价技术，增强对国际海域事物的主导权。

四、统筹淡水节约与海水综合利用

坚持开源与节流并重的原则，把海水淡化水源纳入水资源配置体系，强化淡水资源节约，加快海水利用步伐，保障国家水安全。

（一）强化淡水资源节约

把节水工作贯穿到经济社会发展和群众生产生活全过程，优化调整产业布局，大力发展节水灌溉，形成节水型产业结构、生产方式和消费模式。加快制定区域、行业和用水产品的用水效率指标体系，严格执行高耗水工业和服务业用水定额国家标准，强化用水定额和计划管理，实施重点用水监控。

抓紧制定节水强制性标准，实行节水标识认证，建立节水产品市场准入制度，普及推广节水技术，促进工业和城镇生活节水。研究制定工业节水器具、设备认证评价制度，发布工业节水器具和设备目录，加快推进工业节水器具和设备认证评价，适时推进市场准入制度。

（二）积极扩大海水利用规模

将海水利用纳入国家水资源配置体系和区域（流域）水资源利用规划，明确全国海水利用中长期目标。在沿海缺水城市、地下水超采严重地区和海岛将海水利用作为约束性指标纳入经济社会发展中长期规划，积极推进利用海水作为工业冷却用水及城市冲厕用水，将海水淡化的淡化水作为城镇生活用水。

建设规模适中的海水淡化工程，重点解决乡、镇以上行政建制、海岛上军民的淡水供应问题。制定海水利用扶持政策，鼓励沿海缺水地区多利用海水，创建海水利用试点城市，推进海水淡化和综合利用在沿海地区的普及程度。在天津、青岛等地建设国家海水利用装备产业化基地，重点发展包括建立膜法海水淡化技术装备生产基地、海水利用设备制造基地，加快发展海洋生物、海水化学资源综合利用产业等。开展近海特大型缺水城市（如北京）利用淡化海水作为补充居民生活用水论证。

（三）加快海水利用关键技术及装备研发，提高成套装置研制能力和技术集成水平

重点研究和开发海水淡化、海水直接利用和海水综合利用的关键新材料、新工艺和技术装备，建立大型示范工程，提高产品国产化率，努力降低海水淡化成本。

在海水淡化领域，重点开展反渗透高性能海水淡化膜和组器、能量回收装置及高压泵等关键技术装备的研发攻关，以及低温多效海水淡化关键技术研究与应用。

在海水直接利用领域，重点开展海水冷却塔、热交换器和绿色水处理药剂等技术的产业化集成应用，大生活海水环境友好关键技术研发，海水烟气脱硫技术装备研发与应用，以及海水软化技术装备研发与应用。

在海水化学元素利用领域，重点开展海水高效提钾、提溴、提镁、提锂、提铀，发展高端深加工产品等。

在海水集成技术领域，重点开展发电、供热、海水淡化与综合利用相结合，形成环境友好型产业链的集成技术，海水利用大型化成套设备和大型工程成套技术等。

五、统筹海岛保护与开发

按照《海岛保护法》和《全国海岛保护规划》的要求，实行逐岛定位、分类开发和科学保护。

（一）定期开展海岛资源环境综合调查评价

每十年开展一次“全国海岛资源和生态调查与评估”，清查海岛数量、位置、面积、资源生态保护与利用基本情况，更新海岛资源环境基础信息，建立海岛管理信息系统。适时开展“海岛地名普查”、“领海基点海岛保护情况调查”和“无居民海岛使用情况普查”，定期发布海岛调查统计公报，公布有居民海岛名录和海岛对外开放名录。

开展领海基点海岛保护状况评估，对部分严重受损的领海基点海岛进行修复；开展领海基点、自然保护区、国防等特殊用途海岛的标志设置；完善海岛上的助航导航、测量、气象观测、海洋监测和地震监测等公益性设施。

（二）推进海岛合理开发

在海岛及其周边海域划定禁止开发和限制开发区域，严格执行建设项目环境影响评价，根据资源、环境承载力，合理控制海岛人口规模。根据《全国海岛保护规划》，完善有居民重要海岛水、电、路、通信等基础设施配套建设，实施海岛防风、防浪、防潮工程，提升重要海岛应对自然灾害能力。

规范无居民海岛开发利用秩序，由地方政府统一规划，将部分无居民海岛出让或出租使用。定期更新和发布边远海岛名录，编制无居民海岛保护与利用规划，加强边远海岛交通基础设施建设，重点扶持并建成5～10个边远海岛开发利用示范性工程，鼓励远洋捕捞、海水养殖、生态旅游、交通运输、中转贸易等海岛特色产业发展，促进边远海岛开发、建设和保护。对事关国家利益的无居民海岛，国家出资在岛内建设码头、道路、供电、供水和通信等基础设施，鼓励居民在岛上生产和生活。

（本文原载《调查研究建议》2013年第47期）

第四篇　改革创新与社会建设

中国社会体制改革的战略与路径

杨宜勇　邢　伟　李　璐　顾　严
孔伟艳　魏国学　关　博

内容提要

社会体制改革是公众认为中等难度和中等紧迫的改革，其目标是建立健全有中国特色的社会主义人民社会。改革需要认清当前面临的重大挑战和机遇，化压力为动力，切实从内部而不仅仅是传统的外部加强社会建设，不简单照抄西方国家的社会体制模式，搞好总体规划，科学设计改革的技术路线和实施方案，有的放矢，循序渐进，协同推进。

一、引言

根据国家发改委宏观经济研究院《我国社会各界改革愿景调研报告》2013 年 1 月进行的问卷调查结果显示，37.4% 的受访者认为政治体制是最紧迫的改革领域，而选择经济体制、社会体制、生态文明制度建设和文化体制改革的占比分别为 33.8%、13.8%、7.2% 和 3.8%。同时，超过一半的受访者（54.4%）认为改革难度最大的领域是“政治体制改革”，其次是经济体制、社会体制、生态文明制度建设和文化体制改革，占比分别为 20.9%、10.8%、6.2% 和 3.2%。所以，社会体制改革是公众认为中等难度和中等紧迫的改革，比较容易率先突破。

社会体制改革是党的十八报告提出的全面改革的重要内容之一。社会体制改革是中国特色社会主义事业总体布局中社会建设的重要组成部分，我们只有设计好，才能够实施好。未来社会体制改革与经济体制改革、政治体制改革和文化体制改革一样重要，既需要独立设计，又需要协同推进。社会体制改革需要以增进社会公平和社会福利为目标，以培育社会对话主体为基础，不断完善社会领域的法律法规建设，实现社会领域多元主体（政府、社会组织、人民等）良性博弈，最大限度地维护好、保障好、实现好人民的社会权利，最终建设好社会主义人民社会。

二、切实从内部而不仅仅是传统的外部加强社会建设

进行中国社会体制改革的总体设计，我们首先必须厘清政府和市场、社会的关系，特别是厘清政府与社会、市场与社会的边界和相互作用，切实从内部而不仅仅是传统的外部加强社会建设。

一方面，要处理好市场和社会的关系。面对社会公共问题，市场机制与社会可以共同行动与相互促进，协同共治，共同发挥它们在公共事务治理中的主体作用。社会可以有效弥补市场自身的局限和不足，约束和监督市场机制的运行，解决市场失灵带来的部分社会公共问题。在市场主体与竞争机制的支持下，社会的力量也将大大增强。

另一方面，要处理好政府和社会的关系。整体看来，政府和社会存在相互补充、相互依赖的关系。社会在公共事务和公共政策方面能有效弥补政府失灵。许多社会公共事务不宜由政府插手，政府可以通过采取各种有力措施增强社会组织的力量，调动其参与公共事务管理的积极性和主动性。

三、不简单地照抄西方国家的社会体制模式

要从国际视野看社会体制改革，不仅要看清社会革命与社会体制改革的关系，同时要看清社会体制改革与国家体制之间的关系，不简单地照抄西方国家的社会体制模式，这是构建中国特色社会管理体系基本出发点。

首先，社会体制改革要适应经济体制改革的需要，从国家社会向组织社会转变。改革开放前，在计划经济和集权政治下，我国形成了传统的社会体制模式，造就了“国家—人民”两重主体的“国家社会”。改革开放后，市场经济体制的逐步确立，要求国家与社会在观念上和实体上相对分离，实现从国家社会向（社会）组织社会的转变，形成“国家调控（社会）组织，（社会）组织动员人民”的“国家—（社会）组织—人民”三重主体的“组织社会”，这是社会体制改革的具有决定意义的一步。

其次，社会体制改革要适应维持社会稳定的需要，从零敲碎打向系统推进转变。社会体制改革不同于急风暴雨式的社会革命，不会改变一国的社会制度与国家体制，因而要敢于打破意识形态的束缚，大力发展和完善与市场、

政府“三足鼎立”的强有力的社会组织。社会体制改革不能总是修补式地亡羊补牢，零敲碎打的社会体制改革应该结束了，现在到了系统推进社会体制改革的时候，必须总体上设计好既与经济体制改革、政治体制改革和文化体制改革相配套，又自成体系的社会体制改革。

四、认清挑战和机遇，把压力转化为动力

认清我国社会体制改革面临的重大挑战和机遇，把压力转化为动力，不失时机地有效推进社会体制改革，给科学发展实践提供另一个层面的有力保障。

我们认为现阶段面临九个方面的重大挑战：经济和社会发展的不协调、空间发展的不均衡、巨大流动人口的无根状态、国际非政府组织发展趋势、人民个人权利意识的觉醒、网络社会的传播、社会阶层的分化、社会失范引发风险、老百姓对懈怠改革很担忧。与此同时，还存在八个方面的重大机遇：科学发展观的全面贯彻落实、转变经济发展方式的重大要求、改善民生的新要求、新公共管理理论的发展、切实转变政府职能、创新社会管理的新探索、社会组织地位的初步确立、新型城镇化战略和社会各界对推进改革充满期待。这些有利于我们加深对社会体制改革紧迫性和方向性的认识。

国家发改委宏观院《我国社会各界改革愿景调研报告》在 2013 年 1 月进行的问卷调查结果显示，不少受访者担心改革成为一个口号。有人说，过去政府也一直说要改革，但总是“说得多，做得少”，“雷声大，雨点小”，“只听楼梯响，不见人下来”，对改革能否取得实效心存疑虑。还有人担心改革被泛化、虚化，甚至被利益集团所利用，打着改革的旗号，“改革别人，发展自己”，成为逐利的工具。因此，必须坚持改革红利轮，毫不动摇、毫不懈怠地推进经济体制改革和社会体制改革。

五、有的放矢，决不搞花拳绣腿

准确判断、分析我国社会体制的现状和问题，把握现阶段中国社会体制改革的实质，决不搞花拳绣腿，实施有的放矢的社会体制改革。

我国社会体制形成经历了五个时期，分别是过渡时期社会体制、计划经济时期社会体制、社会体制被动调整时期、社会体制改革主动探索时期和十六届六中全会之后进入的社会体制改革深化时期。

目前我国的社会体制架构为“两基四纲多维”模式，所谓“两基”是社会体制建设的两个基础性目标，即社会管理和社会服务。“四纲”是指构成社会体制的四个基本体制机制，包括社会管理体制、社会组织体制、基本公共服务体制、社会保障体制。“多维”是指支撑起四个社会体制领域的多种结构性设计要件。

尽管和过去的社会体制相比，近年来的体制改革取得了较大的进展，但是我国的社会体制框架仍不完善。

第一，传统的社会管理体制存在惯性依赖，旧有的体制因素仍然保持着制度惯性，继续影响着社会管理体制的运行，不同管理主体之间的“错位”、“缺位”、“越位”现象频发。

第二，社会风险调控机制不健全，社会管理工作呈现出“后置管理”状态。

第三，社会力量的社会参与深度和广度不足。

第四，基本公共服务供给水平不高，分配机制不合理。

第五，社会保障制度结构“碎片化”问题严重，财务可持续风险凸显。这些社会体制方面的障碍和问题是我国进一步深化社会体制改革的原因和内生动力。

六、以长看短，搞好总体规划

要以长看短，在明确社会体制改革的终极目标和历史任务的基础上，搞好总体规划。

社会体制的基本元素主要有参与主体、参与行为和体制目标，参与主体包括政府、社会组织和公众，参与行为主要体现为提供公共服务、协调社会关系、规范社会行为和化解社会矛盾等，体制目标主要是应对社会风险、保持社会稳定、促进社会公正和实现共融共生，三者共同构成社会体制的逻辑整体。

社会主义人民社会体制可以划分为三个层面和一个保障体系，微观层面社会人和家庭是基础，中观层面社会事业和社会组织是纽带，宏观层面社会管理和公共服务是调控手段，社会领域的法律和秩序是重要保障。

社会体制改革的目标是建立健全有中国特色的社会主义人民社会，其主要特征有，坚持以人为本的制度构建理念，城乡居民公平享受基本公共服务，以政社分开为核心加强政府与社会组织的分工与合作，实现德治和法治相结合的善治格局，公共服务和社会管理是宏观调控的两大手段。社会主义人民社会体制的基本框架包括，政府切实履行社会服务和管理职责，公众积极参与各项社会事务，自治和他治协调配合，法治保障坚实有力，体制内单位发挥积极作用。到2030年，全面形成与中国特色社会主义发展要求相适应，与社会主义经济体制、政治体制、文化体制相一致的社会体制，基本公共服务均等化全面实现，社会管理体制机制健全完善，社会组织有序发展，人民个人权利意识显著增强，有中国特色的社会主义人民社会基本建立。

社会体制改革的基本原则是，坚持党委的方向管理，坚持全面推进与重点突破相结合，坚持以群众权益保障为重点，坚持自上而下推行和自下而上创新相结合。社会体制改革的主要任务有，健全基本公共服务体制，构建新型社区管理体制，建立现代社会组织体制，完善公共安全管理体制，健全社会诚信机制。

七、科学设计我国社会体制改革的技术路线和实施方案

根据目标和任务，科学设计我国社会体制改革的技术路线和实施方案，确保社会体制改革循序渐进，不走弯路。面向构建中国特色社会主义人民社会（善治社会），社会体制改革应着眼于促进社会进步、维护社会稳定、优化社会结构、转变社会发展方式四大基本取向，以理顺政社关系为切入点和突破口，实施基本公共服务体系建设和社会管理体制机制完善的双线推进策略，通过公共投入高效化、服务管理科学化、资源分配公平化、参与主体多元化四轮驱动，不断开创社会主义社会建设的新局面。

四大基本取向：

（1）社会进步的核心是人的发展，实质在于人的自身解放和每个人自由的全面发展。自由不是一句口号，很大程度上体现为权利的实现、维护与发展。作为“人们有理由珍视的那种生活的可行能力”的“实质的”或“实持的”自由，才是社会发展的最终目的和重要手段。

（2）社会和谐稳定是社会治安环境良好、社会成员关系和谐、社会运行总体平稳的状态。社会和谐稳定既是推动社会进步的基础条件，也是调整社会结构、转变社会发展方式的基本要求和目标方向。

（3）社会结构包括城乡结构、劳动力就业结构、收入分配结构、消费结构、利益结构、社会阶层结构等。其中，阶层结构在各个维度的社会结构中处于核心地位。

（本文原载人民日报《人民论坛》10月总第420期）

全面深化改革将给投资领域带来的变化

张长春

内容提要

发展潜力以及体制机制的完善决定了未来投资会随经济的中高速增长而较快增长，投资效益会提高。汇率形成机制市场化会抑制少有技术和品牌优势的产能增长，存款利率市场化会减少盈利水平较低领域的投资，完善发展成果考评体系、改革财税体制会减少粗放投资。建立更加公平可持续的社会保障制度、形成橄榄型分配格局等改革会提高消费率、降低投资率。市场在资源配置中起决定性作用会增强市场的择优汰劣功能，投资结构动态优化的长效机制有望逐步形成。全面深化改革会改变以往投资体制改革孤军深入的状况，深化投资体制改革的难度会减轻，改革成效也会更显著。

全面深化改革对促进投资合理增长、改善投资结构、提升投资效益和深化投融资体制改革，将产生重要而深远的影响。

一、增加有效投资

1. 发展的关键地位和发展条件决定了未来较快的投资增速。《中共中央关于全面深化改革若干重大问题的决定》立足于初级阶段这个最大实际，强调发展仍是解决我国所有问题的关键。增长快发展不一定好，因为发展不仅要有产出的增长，还要有结构升级、生活水平提高、制度完善等。但增长是发展的基础，没有一定的经济增速，发展就是空中楼阁。这一点，部分非洲、南美经济体长期处于发展停滞状态，既无增长更无发展的事实就是明证。

2012 年按购买力平价衡量的人均国民总收入我国为美国的 18%，大约相当于日本 1950 年代初期、台湾地区和韩国 1970 年代后期的水平，日本 1950

年代经济增速约为9%，台湾地区和韩国1970年代后期至1990年代前期的十多年间，保持了8%左右的经济增速。通过深化改革和运用适当政策释放增长潜力，未来持续保持7%左右的增速是一个确定性较强的事件。

在推动经济持续较快增长的劳动、技术与资本要素中，劳动人口将在较长时期呈现负增长。技术创新能力的增强及对增长贡献的显现，具有较强的渐进性和不确定性。以较高储蓄率为基础，凝结了知识和技术的固定资本形成，是我国现阶段乃至未来相当长时期最现实的增长动力，也是我国相对发达国家最显著的比较优势。实现经济持续较快增长需要发挥这一优势。

由市场力量决定的固定资本形成可以推动经济持续增长。技术创新加速使知识、技术的边际产出不是递减，而是递增，知识、技术的边际产出递增与物质资本边际产出递减叠加在一起，会延缓固定资本边际产出下降的速度。健全的投资决策约束机制中，固定资本形成总是与技术进步相关联。现实中也能观察到，新的投资常常会采用新的设备、新的生产和管理技术，生产出技术含量更高的产品，相同的投入会有更高的产出。即使到了如发达国家那样的发展阶段，固定资本形成仍然是推动持续增长的稀缺资源。几乎所有发达国家都有投资移民政策，发达国家在与我国的合作中都欢迎我方去投资，发达国家对待投资的态度也印证了，凝结了知识和技术的固定资本形成推动经济增长的重要性和可持续性。

2. 完善产权保护制度会促进民间投资更快增长。保护非公有制经济财产权可以增强非公经济财产所有者享有其自身利益的确定性，激励他们投资、创业，努力积累财富，这会激励民间投资。

建立公平开放透明的市场体系会拓宽民资、外资投资领域。各类市场主体可以依法平等进入负面清单之外领域，允许非国有资本参股国有资本投资项目等，可以更好地发挥民资、外资投资决策责任约束较强的优势。民资、外资进入现阶段还存在行政垄断、资源配置效率不高的领域，能取得比国有资本更好的投资收益，这会调动民资和外资的积极性。

建设法治政府和服务型政府会促进企业投资。转变政府职能，特别是简政放权，加强法治，能使企业在投资收益、投资风险方面有更稳定、更清晰的预期，这会有助于降低企业投资成本、减少投资风险，激励投资。

3. 完善公共领域投融资机制会扩大投资资金来源。建立透明规范的城市建设投融资机制，允许地方政府拓宽城市建设融资渠道，允许社会资本参与城市基础设施投资和运营，会进一步创新城镇基础设施投融资机制，拓宽城镇建设资金来源，扩大城镇投资。

4. 构建开放型经济新体制会促进对内对外投资。加快自贸区建设，形成横贯东中西、联结南北方对外经济走廊，推进丝绸之路经济带、海上丝绸之路建设，会增加国内基础设施投资，扩大境外能源资源、交通设施等领域投资。境外投资的增长会带动国内装备等工业制成品出口，这会刺激国内投资。

二、减少低效投资

1. 汇率形成机制市场化，会抑制少有技术和品牌优势企业的产能增长。汇率形成机制市场化后，随着实体经济竞争力的相对变化和金融市场波动，人民币汇率会双向变动。就目前的汇率水平看，只要不因全局性风险引发危机，人民币汇率出现长期大幅贬值的可能性较小，这会从总体上抑制技术含量较低、市场竞争力较弱的出口加工企业的投资增长。

2. 存款利率市场化，会抑制盈利水平较低领域的投资。利率市场化初期，存贷款利率的上升可能会缩小银行存贷利差。迫于盈利压力，银行会倾向于更多地向成长性好、贷款成本承受力强，同时也是风险较高的创新型企业贷款。金融机构贷款对象的这种调整，不利于盈利水平较低、成长性较差的劳动密集型和资金密集型企业的增长。在创新型企业比重较小、劳动密集型和资本密集型企业比重较大的现实背景下，利率市场化会减缓投资增长。

经过一段时间的充分竞争后，金融机构存贷款利率会趋向一个均衡水平。从国际经验看，利率市场化后形成的均衡利率会显著低于利率市场化初期时的水平。较低的贷款利率是否会因企业借款成本下降而使盈利水平上升，要看实体经济的市场竞争程度。一般而言，伴随贷款市场的充分竞争和利率下降，实体经济的市场竞争也更趋激烈。由此带来的结果是，多数实体企业特别是劳动密集型和资本密集型企业的利润水平会有所下降，借款成本的承受能力也会相应减弱，比以往更低的贷款利率并不会明显刺激这些行业的投资增长。

3. 完善地方领导干部政绩评定方法以及适度加强中央事权和支出责任，会使粗放投资明显减少。纠正单纯以经济增速评定政绩的做法，加大资源、环境、生态、创新、安全、债务等指标的权重，实行自然资源资产离任审计，建立生态环境损害责任终身追究制度等，会减少基层政府领导追求地方经济和财政收入增长，谋求更好政绩的动力，增加他们通过节能降耗减排、保护自然资源和生态环境、提供公共服务水平来取得更好政绩的动力。

政绩评定指标和指标权重的调整，可能会刺激新增指标或增加权重指标领域的投资。但这些领域多属公益性、准公益性领域，少有或没有财务收益，企业内源融资能力低或完全没有资金自我积累能力，所能增加的投资会十分有限。

适度加强中央事权和支出责任，会减轻基层领导干部提供公共服务所面临的财政压力，压力减轻会减少粗放利用资源、损害生态环境上项目的行为。

总之，减轻基层领导干部追求增长的动力与压力，以及增加他们保护资源环境、提供公共服务的动力与压力后，以往因追求经济、财政收入增长，默许、放纵企业破坏资源环境上项目的情况会明显减少，企业资源环境成本外部化的程度会减轻，相关企业的资源环境成本增加，盈利水平下降，扩大产能的融资能力降低。以往依靠资源环境成本外部化而盈利的部分企业可能会无法生存。这部分粗放投资会明显减少。

三、促进消费增长

单独二胎政策会提高少儿抚养比，这会提高消费率。完善社保体系如划转部分国有资本充实社保基金等，会减少预防性储蓄。提高农民收入政策如建立城乡统一的建设用地市场和慎重稳妥推进农民住房财产权融资、变现，会增加低收入阶层收入，而低收入阶层的消费倾向要高于高收入阶层。这些政策会提高消费率。

但有两个方面的因素会抑制消费率上升的节奏。一是预期寿命延长、老龄化、现收现付的社会养老金制度。人的平均预期寿命延长，工作时间基本衡定，退休期和领取退休金的时间会相应地延长。20 世纪 90 年代以来我国总和生育率一直低于 2.1 的替代水平，2010 年普查的总和生育率为 1.2，不及全球水平 2.5 的一半，远低于欠发达国家的 2.7 和发达国家为 1.7。长期低生育水平必然加深未来老龄化程度，增加未来领取养老金人口的比重。

在社会养老金现收现付状况下，随着未来领取养老金的老年人逐渐增多，养老金支付标准的不断提高，年轻人所交养老金与需要支出给老年人的养老金之间的缺口会越来越大。到时完全按当期所需支付的养老金增加缴费比例，很可能使社会无法承受。未来养老金筹措将会遇到一定困难，这会迫使当代人为了他们能有一个较稳定的老年生活而储蓄，不敢消费。

二是潜在增长率趋势性下行。经济增速下行一个台阶，相应地居民收入增速也会下降，这不利于消费增长。20 世纪 90 年代以来，经济增速与城镇居民家庭人均可支配收入增速、农村居民家庭人均纯收入增速的相关系数分别为0.9373、0.7864，经济增长慢的年份居民收入增速也低。

四、强化消费率上升、投资率下降的总趋势

消费是所有经济活动的出发点和归宿。消费支出后余下的部分形成储蓄和投资，消费决定储蓄和投资，而不是相反。从消费率变化的角度可以更清晰、更确定地判断未来储蓄率和投资率的变动。

单独二胎、完善社保体系、增加低收入阶层收入和形成橄榄型分配格局等政策，会提高消费率，降低储蓄率和投资率。这些政策的实施及其对消费决策的影响是渐进性的，这决定了消费率、投资率的变动会是一个缓慢的趋势性的变化过程。在消费率、投资率的渐变过程中，不排除因经济周期变化、收入水平波动而出现阶段性的反向变动的情况。全面深化改革强化了消费率上升、投资率下降的总体趋势，也使消费率上升、投资率下降的变动方向更加清晰。

在看待和处理消费与投资关系上，也要处理好政府和市场的关系，使市场在居民家庭消费、储蓄决策中起决定性作用，更好发挥政府在健全制度政策环境上的作用。人们对消费率高低的价值判断表现出很强的分散性和差异性：有人在用完花光收入中得到享受，有人在为以后的生活、为老人和后代的储蓄中得到满足，还有很多人愿意自己当期少消费一些，将部分收入储蓄起来，帮助贫穷阶层尽快脱贫，支持国家快速强盛。这些消费支出决策都是消费者在一定约束条件下基于效用最大化的理性选择，选择多消费、少消费或暂时不消费，都是消费者合法的自主权利。消费无过、储蓄无错，他人不宜过多干预。消费率、储蓄率是消费者行使自主选择权所形成的统计结果。直接针对消费选择结果进行干预，实际上是干预居民家庭的消费自主权。

政府要做的主要是促进形成合理有序的收入分配格局，建立公平可持续的社会保障制度，完善生育政策，改善消费环境，健全这些构成消费约束条件的制度政策环境，引导居民家庭理性地进行消费选择。

五、增强市场力量动态优化投资结构的功能

建立事权和支出责任相适应的制度和完善发展成果考核评价体系，会抑制以牺牲资源环境为代价的粗放投资。加强知识产权保护和强化企业在技术

创新中的主体地位，会促使更多企业为了获得技术垄断利润而加大创新投入。粗放投资减少和创新投资增多，投资结构将大为改观。

促进形成全国统一市场和公平竞争秩序，各类市场主体依法平等准入，加快政府职能转变，强化权力运行制约和监督体系以及推进法治建设等，有利于消除生产要素在各领域、各地区间流动的障碍，减少不当行政干预对资源配置的扭曲。汇率形成机制和利率市场化，以及完善主要由市场决定价格的机制，会促使生产要素在价格引导下从竞争力弱、效益低的领域向竞争力强、效益高的领域流动。随着市场择优汰劣功能的不断增强，投资结构动态优化的长效机制即可逐步形成。

六、提高投资效益

投资决策民主化、科学化水平的提高，特别是投资决策责任约束机制的健全，会使政府资金的投入领域更贴近人民群众对公共服务的需要。国有资本更多投向关系国家安全、国民经济命脉的重要行业和关键领域，以及推动国有企业完善现代企业制度和健全公司法人治理结构，会激励和约束国企提升投资效益。民资、外资会在生产要素价格合理、金融市场体系健全、统一开放和平等有序的市场竞争中，在价格信号引导下追求投资收益的最大化。当竞争性领域的企业在节能节地节水、环境、技术、安全等准入标准约束下，依法依规、以效益最大化为准则自主决策投资时，市场配置资源的效率优势就能得到充分发挥。

七、为深化投资体制改革创造必要的外部环境

十年前发布的《国务院关于投资体制改革的决定》就明确提出要确立企业投资主体地位。但因财税体制和干部政绩评定机制等不尽合理，基层政府领导在履行公共事务压力、追求更好政绩动力以及为官一任、造福一方的行政传统下，有时会默许、放纵企业投资违反国土资源、环境保护、安全生产、城市规划等方面的法规，投资的外部性管理难以到位。投资活动损害公众利益和长远利益的现象较多。

当投资主管部门在稽查中发现了违反相关法规的案件时，因缺乏必要的执法手段，也只能是勒令整改，将项目违规事实报当地政府。而违规行为往往与当地政府部门监管不到位有关，有的违规行为甚至得到了基层政府领导

的默许，寄希望基层政府加强监管或及时改正违规行为，效果有限。

在事中、事后监管无法到位，投资主管部门又不能对损害公众利益、危害持续发展的投资行为放任不管的情况下，迫不得已地采取了一些加强外部性监管的准入管理措施。准入管理较严必然增加企业申报项目的成本，延长申报周期，有时甚至贻误市场机会，但这是一种两害相权取其轻的无奈之举。在普遍存在投资冲动的环境下，这些准入管理有充分的事实依据，是必要的，也对盲目上项目发挥了重要的关口作用。如果准入环节的合规性管理不是那么严格，生态环境恶化、产能过剩程度会更加严重。

全面深化改革会改变以往投资体制改革孤军深入、效果欠佳的状况。财税体制和干部政绩评定机制改革，以及推进法治、强化权力运行制约和监督等，将会使投资活动违法违规、损害公众利益和长远发展的行为逐渐减少。以往基于事中、事后监管难以到位而实施的比较严格的准入管理，就可视事中、事后监管的到位情况，逐渐放松或调整。可以预料，有了总体设计、统筹协调、整体推进的全面深化改革，投资体制改革的难度会减轻，改革成效也会更明显。

（本文原载《中国经济导报》2014 年 2 月 8 日）

以高端开放倒逼“五环式”改革

——中国（上海）自由贸易试验区之我见

常修泽

内容提要

中国的改革可以分为两种类型。一种是“内源性”的改革；另一种是“外源性”，即倒逼式的改革。决策层一直尝试通过对外开放来瓦解僵化的体制。在过去三十多年里，已经出现了三波开放倒逼改革的高潮。设立中国（上海）自由贸易试验区，从历史长河看，将迎来第四波开放倒逼改革的高潮。新一轮开放倒逼改革之势，从宏观角度分析，至少有三个涟漪圈：第一涟漪圈，也是直接涟漪圈，倒逼外资外贸领域的改革；第二涟漪圈，更大的涟漪圈，倒逼经济领域改革（包括国有企业、金融体制、财税体制、要素价格等）；第三涟漪圈，最大的涟漪圈，倒逼“五环式”改革（包括经济、政治、社会、文化、生态环境制度改革）。

2013年8月，国务院批准设立中国（上海）自由贸易试验区。从名称看，有两点特别值得关注。其一，据我所知，原来地方申报的是“上海”自由贸易区，而最后批准的是“中国（上海）”，名头凸显“中国”，这就意味着它不仅是地方层面的事情，而首先是国家层面的事情，只是设在上海而已；其二，原来地方申报的是“自由贸易园区”，而最后批准的是“自由贸易试验区”，战略基点落在“试验”二字上，这就意味着国家要在此先行先试，重在制度创新。可以这样说，这不仅是国家更高层次开放的关键一招，也是实行全方位“五环式”改革的重大举措。其结果势必形成新一轮开放倒逼改革之势，一场改革开放的“山雨”即将到来。

一、中国（上海）自由贸易试验区：中国开放度最高的特殊区域

中国的改革开放走的是一条“整体推进，重点突破”的路子，其中，在特定区域率先取得突破，进而带动全局，是其重要战略之一。当前中国在区域发展上，请关注两个系列：

一是“综合配套改革试验区”（简称“试验区”）系列。截止到2013年9月，国家已创立十余个综改试验区，包括上海浦东、深圳特区、天津滨海新区等。每个试验区都有个明确的主题，旨在先行先试。

二是纳入“国家发展战略”区域（简称“战略区”）系列，即把“地区发展战略”上升为“国家发展战略”的区域。据我掌握，目前全国大大小小有几十个，而且名目繁多，几乎遍及内地各省（市/自治区）。

在上述两个系列区域内部，我特别关注三个“亮点”：一是深圳特区中的“前海”；二是珠海特区中的“横琴”；三是海西经济区的“福建平潭”（此地正搞两岸“五个共同”试验：共同规划，共同建设，共同经营，共同管理，共同分享）。近年，我曾分别到三个“亮点”地区实地考察并着力研究，我把这些称为“特区中的特区”。

值得关注的是，2013年8月后，最新版的“特区中的特区”闪亮登场，而且一开局，就气度不凡，这就是新设的中国（上海）自由贸易试验区。

8月27日，中央政治局听取专门汇报，决定建立中国（上海）自由贸易试验区。继之，8月30日，全国人大常委会第四次会议《关于授权国务院在中国（上海）自由贸易试验区暂时调整有关法律的行政审批的决定草案》获通过。暂时调整《中华人民共和国外资企业法》、《中华人民共和国中外合资经营企业法》和《中华人民共和国中外合作经营企业法》规定的有关行政审批，上述行政审批的调整在三年内试行，对实践证明可行的，应当修改完善有关法律；对实践证明不宜调整的，恢复施行有关法律规定。

我看后，深感此举非同小可，它实际上已给予自贸区突破性创新的空间。种种迹象表明，中国（上海）自贸区已经成为迄今为止中国开放度最高的特殊区域。

二、将掀起第四波开放倒逼改革的浪潮

中国的改革可以分为两种类型。一种是“内源性”的改革，如以家庭联

产承包责任制为核心的农村改革；另一种是“外源性”，即倒逼式的改革，如开放倒逼式改革。从1978年起，决策层一直尝试通过对外开放来瓦解僵化的体制。在过去三十多年里，已经出现了三波开放倒逼改革的高潮。

第一波开放倒逼改革的高潮在20世纪80年代初期。1980年，深圳特区成为中国率先开放的试验田。邓小平说“杀出一条血路来”，通过引入市场经济，倒逼着体制机制的不断改革。笔者曾于1984年赴深圳特区调查，在调研基础上撰写了《从蛇口工业区的开发得到的启示》，并入选当年在莫干山召开的第一届中青年经济科学工作者学术讨论会（常修泽：《从蛇口工业区的开发得到的启示》，《经济日报》1984年9月28日《中青年经济科学工作者学术讨论会论文摘登》）。在深圳特区（特别是蛇口工业区）开放精神的带动下，全国人民改革的积极性像火山一样爆发出来了，到中共十三大时达到了高潮。

第二波开放倒逼改革高潮在20世纪90年代初期。邓小平决定开发开放浦东，朱镕基具体操盘，浦东作为中国第二轮改革开放的先行者，以更加博大的胸襟对外开放，倒逼决策层启动以社会主义市场经济体制为目标的改革。我在《那个改革的十字路口》一文中指出：“在当时那个国际社会封锁、国内社会彷徨的特殊时期，朱镕基积极推动浦东开发，实际上是选择一个小块区域作为突破口，与当年邓小平在深圳搞特区的做法有点类似，都是从小处入手，借此破局，用开放来倒逼改革”。

第三波开放倒逼改革高潮是21世纪初。2001年中国加入世贸组织，开始纳入经济全球化的轨道。我在当时承担的重点课题《建立比较完善的社会主义市场经济体制若干重要问题研究》（为中共十六大报告起草工作提供的内部研究报告）第一专题中指出，改革“不仅依靠国内‘内生’的改革力量，而且要学会利用外部由于加入WTO所引发的开放倒逼的力量”；并强调“WTO的规则实质是市场经济的基本运行规则，按照这套规则办事，改革将会更具有理性”（参见《改革》杂志，2002年第4期）。此后，国家按WTO规则修改了3000多条法律法规，带动了不少实际性的改革举措，经济、政治、文化、社会等领域有不小变化。

现在我们面临的应是第四波高潮。中国（上海）自由贸易试验区有两个基本定位，一是强调先行先试，二是争创中国在全球竞争中的新优势。特别值得关注的是，这是中国在经济全球化的新形势下面向世界的主动试验。先行先试和争创新优势的根本途径在于制度创新。从历史长河看，从2013年开始，中国将迎来第四波开放倒逼改革的高潮。这是完全可以预期的。

三、高端开放倒逼的将是“五环式”改革

那么，高端开放将倒逼什么改革？我看，目前的一些论作有缩小化的苗头：把倒逼的范围缩小到经济改革领域；而且，在经济领域又收缩到贸易领域的改革。这可能有望文生义之嫌。

“一石激起千层浪”。笔者认为，中央提出的中国（上海）自由贸易试验区，不是一般的“石头”，而是块“大石头”。将其投入中国现今的“一池湖水”中，肯定会激起波浪的。按照涟漪理论，从宏观角度分析，至少有三个涟漪圈。

第一涟漪圈，也是直接涟漪圈，倒逼外资外贸领域的改革

外资外贸体制首当其冲。因为，在我看来，中国（上海）自贸区发展的基础应当是贸易和投资的自由化和便利化，其中包括：货物和服务贸易的自由化、便利化（包括转口贸易自由化、便利化），以及外资业务的管制放开和随之而来的服务技术的引进等，以此推动“五流”（商流、物流、人流、资金流、信息流）集合型的开放和发展，从而把外资外贸的改革推进到更宽的领域和更高的水平。

第二涟漪圈，更大的涟漪圈，倒逼经济领域改革

讨论自贸区对中国改革的影响，必须要有前瞻性和大视野。要看到，在2010年代之后，一种新的全球治理格局会逐渐显现。例如，美国正在亚太推动TPP（跨太平洋战略经济伙伴关系协定）。我看了有关TPP的协定内容，发现有几条倒逼力度很大的“非传统条款”：一是知识产权保护问题，二是劳工权益问题，三是环境保护问题，四是政府采购问题，五是国有企业公平竞争问题，等等。中国是否参与谈判，还在研究当中。笔者预测，如果中国参与加入TPP谈判，自贸区的设立有可能在谈判中起到关键性的作用，甚至有可能成为中国加入TPP的区域性对外开放窗口。

以这种大视野来审视自贸区对中国经济体制改革的影响，我认为，至少有以下四个方面。

1. 倒逼国有企业（特别是垄断性行业的国有企业）改革。核心是取消某些不合理的扶持性做法，真正做到“两平一同”，即：平等使用生产要素，平等参与市场竞争，同等受到法律保护。这对国有企业（特别是垄断性行业的企业）的现行体制冲击是很大的。

2. 倒逼金融体制改革。这是自贸区制度创新的亮点之一。核心是把自贸

区办成金融创新试验区，包括先行先试人民币资本项目下开放，在风险可控前提下，实行人民币可自由兑换试点等金融创新；在区内实现金融市场利率市场化：金融机构资产价格实行市场化定价；探索境内离岸金融业务；以及推动其他金融业对外开放等。

3. 倒逼财税体制改革。重点推动税收创新，如采用低税率，以降低企业税负，形成更具国际竞争力的税收政策。

4. 倒逼要素价格改革。既然全方位开放涉及劳工权益保护和资源利用，有一个低估的要素价格回归合理均衡水平的问题。这是要素价格改革的重要内容，也是将市场体系建设进行到底的重要方面。

第三涟漪圈，最大的涟漪圈，倒逼“五环式”改革

我在2008年出版的《人本体制论》（中国经济出版社，2008）一书中指出，新阶段历史赋予中国的，是类似奥运“五环”的改革，包括经济、政治、社会、文化、生态环境制度改革20个字：经济转型、政治变革、社会共生、文明交融、天人合一。“五环式”改革，环环相扣，融为一体。今天，讨论自贸区倒逼改革的议题，一定要树立“五环式”改革的思维。这就意味着，要在全方位制度创新上有所突破，这必将触及除经济改革之外的其他四个领域一些更深层的改革内容。

例如，政府自身体制改革方面。长期以来，中国实行的是政府主导的经济发展模式，政府过多采取行政许可、审批制度，在很大程度上导致政府和市场的边界不清。按照自贸区新的规则，应遵循“法无禁止即自由”的原则，实行“负面清单”管理，并暂停实施某些法律法规。所有这些都将倒逼政府改革，推动其由管制性政府向“中立型政府”和“服务型政府”转变。

再如，社会体制改革方面。随着自贸区新规则的建立，以保障劳工权益为标志的公民权利问题，将会进一步凸显，这就要求推进社会管理体制创新，包括培育和创新社会组织、推进社区自治、建立公民利益表达协调机制、用“对话”替代“对抗”等。

还如，在生态环境体制改革方面。自贸区新规则对环境的要求是十分苛刻的，而现在的实际情况比较严峻。有鉴于此，应从建立“资源环境产权制度”入手，实行严格的环境保护制度，真正做到生态文明，天人合一。

最后，我要特别指出，自贸区所涉及的绝不仅仅是经济行为和社会行为，它将涉及更深层次的“文明交融”问题。美国学者塞缪尔·亨廷顿的《文明的冲突与世界秩序的重建》一书，阐述了他的“文明冲突论”。当今，世界文明确有很大的差异性，或者说“文明的隔阂”。在自贸区范围内，随着新规则

的实行，势必会使多样化价值理念之间在这一区域发生频繁的交集、碰撞和融合。在这种新格局下，能否由“文明隔阂”走向多元基础上的“文明交融”，避免文明的冲突和碰撞，这是需要深入探讨的问题。我主张，自贸区应成为“文明交融”的试验区。

总之，中国（上海）自由贸易试验区可称为“先行者中的先行者”、“排头兵中的排头兵”。在这一“先行者”和“排头兵”的示范效应和溢出效应下，中国的改革开放必将迎来新一轮的高潮。

（本文原载《宏观经济信息研究》2013 年第 18 期）

中国农民增收现状及其中长期影响因素

姜长云

内容提要

本文分析了近年来中国农民收入增长的主要特点，提出从中长期趋势来看，城镇化、老龄化、信息化和新型工业化、农业发展方式转变、资源和要素资本化及垄断深化、特殊困难地区的扶贫问题等因素，都会对中长期农民增收形成重要影响，并探讨了这些影响的方向。

鉴于当前国际形势复杂多变，国内发展不平衡、不协调、不可持续的问题突出，世界经济低速增长的态势将会持续较长一段时期，自2003年以来国内经济持续高速增长的局面很难持续再现，由此必然对农民收入增长形成制约。因此，在努力采取措施，促进当前农民收入较快增长的同时，从战略上分析影响农民增收的难点和制约，对于谋划促进农民收入较快增长的中长期思路具有重要意义。

一、近年来农民收入增长的主要特点

自20世纪70年代末以来，中国城乡居民收入在总体上呈现持续较快增长的态势。若将2004年以来中国农民收入的实际增长状况放在较长的历史坐标系中进行考察，可发现它主要呈现以下特点：

（一）城乡居民收入同时保持较快增长，城乡收入差距由扩大转为缩小

自2004年以来，中国农民人均纯收入的增长速度虽然慢于20世纪70年代末至80年代中期，但仍然明显快于20世纪80年代中后期至2003年这段时期。相对于城镇居民人均可支配收入的实际增速，农民人均纯收入实际增速

的波动，在总体上也较小。用城镇居民人均可支配收入与农民人均纯收入之比来衡量城乡收入差距，则自2004年以来，中国城乡收入差距在总体上明显高于2003年以前，但自2010年以来，城乡收入差距已由此前的逐年扩大转为缩小。2012年城乡收入差距已经降到3.10，呈现2003年以来的最低点。

（二）农民收入的来源结构发生重大变化，非农化、多元化特征日趋鲜明

近年来，在农民人均纯收入持续保持较快增长的同时，农民人均纯收入的各组成部分呈现同时实现增长的格局。按当年价格计算，2004～2011年（除特殊说明外，本报告中2004～2011年，均以2003年为基期。以此类推）农民人均纯收入增加了1.66倍。在此基础上，2012年农民人均纯收入又较上年增长了13.5%（未扣除价格因素）。2011年，农民来自于农业的纯收入、来自于非农产业的纯收入、财产性收入和转移性收入分别已达2520.00元、3665.00元、229.00元和563.00元，分别较2003年增加了1.11倍、1.89倍、2.47倍和4.80倍。就总体而言，在农民人均纯收入各组成部分中，转移性纯收入增速最快。这与近年来国家实行强农富农惠农政策，加大对农民的良种补贴、农资综合补贴、种粮农民直接补贴力度，推进新型农村社会养老保险试点全覆盖，稳步提高新农合筹资标准、报销比例和保障水平，提高农村最低生活保障水平等，均有很大关系。

农民收入的来源结构已经发生重大变化。农民来自于农业的纯收入，主要是家庭经营第一产业纯收入。2003～2011年，在农民人均纯收入总量中，家庭经营第一产业纯收入占比由45.6%下降到36.1%；农民来自于非农产业的纯收入占比，由48.3%增加到52.5%，并且从2009年开始一直稳定地超过50%。与此同时，财产性纯收入的占比稳中有增，转移性纯收入占比增加较快。同期，二者占比分别增加0.8个百分点和4.4个百分点。2011年，财产性纯收入和转移性纯收入分别占农民人均纯收入总量的3.3%和8.1%。

在农民人均纯收入的增量结构中，非农化、多元化的特征更为鲜明。与上年相比，在农民人均纯收入的增量中，农民来自于农业的纯收入，即家庭经营第一产业纯收入增量占比，2004年为64.7%，2011年下降到27.3%；农民来自于非农产业的纯收入增量占比，2004年为25.8%，2011年增加到55.1%。财产性收入，特别是转移性收入增量的占比在各年之间虽然有较大波动，但在总体上仍呈增加趋势。农民人均纯收入各组成部分较上年增长率的变化，基本支持类似结论。

（三）城镇化、城市群对农民增收的带动作用显著增强，农户之间的收入差距在总体上呈现扩大态势

如果用城镇人口占总人口的比重代表城市化率，2011年中国各省、市、区城镇人口占总人口比重与其2011年农民人均纯收入、2005~2011年农民人均纯收入增加量之间，均呈显著的正相关关系，相关系数分别为0.8995和0.9004。城镇化、城市群对农民增收的带动作用显著增强，从农民工就业区域分布结构的变化，也可见一斑。根据国家统计局发布的《2011年我国农民工调查监测报告》，2011年，全国农民工就业主要集中在广东、浙江、江苏、山东等4省，占全国农民工总数的近一半。尽管近年来在长三角、珠三角务工的农民工占农民工总数的比重出现下降趋势，但其总量仍略有增长。2011年，在长三角、珠三角务工的农民工，分别仍占全国农民工总数的23.1%和20.1%。况且，近年来，在省内务工的农民工虽然有较快增长，但大多数主要集中在省内城市及其周边地区。2011年，全国外出务工的农民工分别有10.3%、20.5%和33.9%在直辖市、省会城市和地级以上城市务工，合计占外出务工农民工总数的64.7%，较上年提高1.7个百分点。同年，在直辖市务工的农民工月均收入2302元，在省会城市务工的农民工月均收入2041元，在地级市、县级市和建制镇务工的农民工月均收入分别为2011元、1982元和1961元。而且，与上年相比，在直辖市务工的农民工月均收入增幅明显快于在省会城市、地级市、县级市和建制镇，分别为22.6%、19.8%、21.0%、20.3%和20.8%。

与此同时，近年来，农户之间人均纯收入的差距在总体上呈扩大趋势。按照收入五等份分组，以低收入农户当年收入为100，则2004年以来各收入等级组农户人均纯收入与低收入组农户人均纯收入之比，在总体上均呈逐步扩大态势。如高收入户人均纯收入2004年相当于低收入户的6.88倍，2011年提高到8.39倍。但近年来，在农民收入持续较快增长的同时，低收入农户、中等偏下收入农户的增收困难日趋突出。这一问题应该引起高度重视。

二、影响农民收入增长的若干中长期因素

当前，中国在总体上进入工业化中后期、城镇化加快推进的阶段。工业化、信息化、城镇化、市场化、国际化深入发展，对于农民收入增长正在产生广泛而深刻的影响。对于这些影响，可从不同侧面来观察。我们认为，从

当前乃至今后中长期趋势看，分析影响农民增收的中长期因素，需要特别重视以下几点：

（一）城镇化

从中长期看，城镇化是中国扩大内需的最大潜力所在。城镇化的发展，不仅会带动消费需求的扩张，还会带动基础设施和公共服务能力建设等投资规模的扩大，并通过人口集聚和生产、消费的空间分离，为物流、流通等服务业发展和产业结构优化升级提供契机，进而带动农民就业空间的开拓和增收机会的拓展。城镇化的发展，还会导致越来越多的农村人口由农产品生产者转变为农产品消费者，有利于提升农产品价格，促进农民增收和农民生活方式的转变，拓展农民就业机会。随着城镇化发展质量的提高，基础设施和公共服务能力的改善，有利于优化社会生产和生活环境，完善社会保障体系，从而有利于减少居民的预防性储蓄规模，扩大城乡居民的即时性消费，并带动相关产业发展和城乡居民就业增收。此外，城镇化和工业化深入发展，还会带动土地等要素使用成本和机会成本的提高，为城市拓展区和城郊地区提高土地级差地租创造条件。这也为增加农民的财产性收入带来契机。

但是，城镇化对中长期农民增收的影响，实际上是一把“双刃剑”。传统的城镇化道路过分重视城镇化的数量扩张，轻视城镇化的质量提升，并以推进土地城镇化为重点。传统的城镇化，固然会通过带动基础设施建设和建筑业等发展，带动农民就业机会的增加和收入水平的提高；但从中长期影响看，也会加剧农业与工业、服务业，农村与城镇争夺资源和优质要素的矛盾，导致农业、农村边缘化和城乡收入差距的扩大，最终影响农民增收的广泛性和可持续性。

新型城镇化将提升城镇化质量放在优先位置，将有序推进农业转移人口市民化作为重要任务，将建立以工促农、以城带乡、工农互惠、城乡一体的新型工农关系、城乡关系作为重要目标，有利于更好、更可持续地发挥城镇化对农民增收的带动作用。但是，随着新型城镇化的深入推进，今后农业转移人口市民化的规模将会不断扩大，由此也会制约农民收入的进一步增长。因为在农业转移人口中，能够率先实现市民化者，在总体上劳动力素质较高、增收能力较强。这部分农业转移人口率先实现市民化后，实际上增加了农民总体实现增收的难度。况且，当前就总体而言，农业转移人口市民化还面临较高“门槛”，许多待转移人口为了跨越这种门槛，往往需要投入大量的资源、资金和人力，由此会制约其生产经营投入和收入的增长，并影响农民增收。

（二）老龄化

中国自2001年开始进入老龄化社会，当年全国65岁及以上人口占总人口的比重达到7%。此后，中国的老龄化一直呈现持续快速推进的态势。到2012年末，全国65岁及以上人口已达12714万人，较2001年增加了3652万人；占总人口的比重达到9.4%，较2001年增加了2.3个百分点。与此同时，中国人口的老龄化还呈现以下两方面的特点，一是随着出生率的下降、健康水平的提高和人均寿命的延长，老龄人口的高龄化、独居化和空巢化发展更快。二是农村人口的老龄化在总体上快于城镇人口的老龄化。从今后的趋势看，中国人口老龄化和农村人口老龄化快于城镇的现象，仍将进一步强化。除人口因素外，下列两个因素在加剧农村人口和劳动力老龄化方面的作用，也值得特别重视：一是相对于农村中老年人口，在农村青壮年人口中愿意外出就业者比重更高，其中相当一部分仍会逐步加入外出就业队伍；二是随着年龄的增长、外出就业竞争力的下降和照顾家庭需求的提升，许多尚未在城市实现安居乐业的年长农民工，更愿返乡务农。近年来，这种现象已在静悄悄地推进。在农业劳动力老龄化较为严重且出现较早的日本，也曾出现过类似趋势，值得中国重视。

老龄化对农民增收的中长期影响，首先可从全国人口老龄化对国民经济结构和农业结构选择的影响来观察。最为直观的表现是，全国人口老龄化的发展，会带动对老龄相关产品和服务需求的加快扩张，从而间接带动农民就业增收。如随着老龄化的推进，社会对食品休闲化、方便化、营养化、美食化、个性化和功能化的要求不断提高，从而影响农产品加工业的发展方向。老龄化的深入发展，要求农业更加重视生活、生态功能，为此提供相关就业和增收空间；还要求现代农业的发展和农业产业化经营的推进，更加重视与休闲观光和养生结合。此外，老龄化的发展，还有利于拓展家庭服务等行业的农民增收空间。

老龄化对农民增收的中长期影响，还可以从农村人口老龄化对农民增收的影响来观察。这种影响最为直观的表现，是导致农业劳动力素质相对下降，增加农民通过农业增收的难度，容易引发今后“谁来种田”、“如何种田”、“谁来养猪”、“如何养猪”等担忧。但从日本的经验来看，在农村人口老龄化的背景下，仍可通过三个方面实现农业经营规模的扩大。

一是租借形式的农地流动，主要表现为规模化专业农户从小规模农户租入农地，类似但不完全等同于中国的农地流转；

二是不依靠土地的经营规模扩大，在较少依赖土地的畜产和园艺等生产部门，这种方式成功的概率要高出许多；

三是农业作业承包的进展，主要表现为小规模兼业农户或高龄农户将耕耘、收获等部分乃至全部农业作业委托给设备齐全的专业农户。这种方式作为扩大农业经营规模的补充形式，其效果与租入农地基本一样。在农业作业承包方式中，除农户之间的相互承包外，以村落为单位的集体承包对于扩大农业经营规模更为有效。这种农业作业承包方式类似于近年来中国迅速发展的专业化、市场化农业服务组织，集体承包方式类似于中国部分地区依托农村社区成立的农业专业服务队。

农村人口的老龄化，还会导致下列结果：

一是驱使农业技术选择向节约劳动、减轻劳动强度的方向发展。因为减轻农业劳动强度的技术进步，不仅有利于降低农业劳动力成本，还有利于让没有青壮年劳动力的农户能够继续经营农业。

二是推动形成以农户“二兼化”为主导的农业经营格局，加剧农业经营的粗放化倾向。所谓农户“二兼化”，即以农外收入为主、农业收入为辅的农户结构。近年来，在中国许多农村地区，随着青壮年劳动力的大量外流，农户兼业化迅速发展，并呈现以“二兼”农户为主导的发展特征。越来越多的农户逐步退出商品性农业经营的范围，农业经营以满足自给为目标，形成所谓的“口粮农业”。甚至有些年长的农民把从事农业当作一种习惯或生活方式，作为打发闲暇的工具。当然，在农户“二兼化”迅速发展的同时，如果政策引导得当，也会有越来越多的兼业农户，包括二兼农户把部分土地流转出去，为专业农户或合作社、龙头企业等新型经营主体扩大农业经营规模创造条件，导致农业经营结构的演变呈现大量兼业农户小规模化和少数新型经营主体规模化并行发展的趋势。

三是推动农户对农业生产性服务需求的迅速扩张。因为增加市场化的农业生产性服务供给，有利于克服农业劳动力老龄化带来的困难，并为农业节本增效和农民增收创造条件。

农村劳动力老龄化尽管会带来上述后果，但由此形成的对农民增收的影响，还取决于宏观经济运行为农村人口提供多少就地就业和外出就业的机会，以及农民来自土地等财产性收入的多寡。客观来看，农村人口老龄化对农民增收的影响，取决于我们在政策上对于上述结果如何引导和利用。

（三）信息化和新型工业化

当今世界，信息化深入发展，正在深刻影响社会生产和居民生活，有效促进产业形态、商业模式、组织结构和发展方式的转变，成为传统产业改造、新兴产业发展的支撑平台和先导力量。信息化广泛的渗透性、高度的创新性和强大的影响力，决定着信息化有望成为促进农民增收的战略引擎。能否有效利用、能在多大程度上利用信息化促进农民增收，很大程度上取决于两个方面，一是提高农业农村经济的信息化水平，二是加强惠及农民的信息服务体系和服务能力建设。

新型工业化从根本上说是发展方式转变问题。它对农民增收的中长期影响，主要围绕两个方面来展开。

一是工业和城市发展方式转变的进展及其对农民非农就业和转移的影响；

二是农业和农村发展方式转变的进展及其对农民增收的影响，因为推进新型工业化的过程，也是促进工业化与农业现代化深度融合的过程，发展现代农业要求用工业化的理念来发展农业。就对农民增收的中长期影响而言，无论是新型工业化还是信息化的影响，都与农民素质和农村企业家阶层的成长有很大关系。

（四）农业发展方式转变

农业发展方式转变的推进，在总体上有利于农民增收。但前提是，这种农业发展方式转变，以尊重农民在发展现代农业中的主体地位为基础。如果在推进农业发展方式转变的过程中，出现排斥农民主体地位的倾向，也难保不会出现农民利益受损和农民减收的问题。因此，分析农业发展方式转变对于农民增收的实际影响，应该采取谨慎乐观的态度。

一是要看到，在推进农业发展方式转变的过程中，如果操之过急、对农民利益考虑不够，或对可能发生的风险考虑不周，有可能形成导致区域性、群体性农民减收的因素。

二是农业发展方式的转变能在多大程度上惠及农民，还取决于农民素质和农民的组织化程度。如果农民的素质高，接受新科技、新思想、新理念的能力强，农业发展方式转变的成效，就可能在更大程度上惠及农民。如果农民的组织化程度高，就可以有效抵御各种挤占农民利益的行为，确保农业发展方式转变更好地惠及农民。

（五）资源、要素资本化和垄断深化

工业化、信息化、城镇化、市场化、国际化深入发展的过程，也是一个要素资本化不断深化的过程。通过产权化、证券化等方式，将农村土地、资源、技术、资产、环境甚至知识产权、品牌和经营者人力资本产权资本化，对其可能带来的未来收入流进行贴现，拓宽资本经营的范围，有利于激活农村资源和要素，促进其在更大范围内优化组合，提高农业经营效益和产业链增值能力，从而开拓农民的财产性收入来源，增加农民的增收机会。随着城乡交流的扩大和相互作用的加深，将推进资本下乡和农村资源与要素资本化相结合，还可能进一步拓展以工促农、以城带乡的渠道，为资源、要素甚至产业在更大范围内优化组合提供可能。但是，如果不重视保护农民权益，不重视农民的平等和广泛参与，推进农村资源、要素资本化的过程，很可能变成农村精英分子剥夺广大农民的过程，加剧农村收入分配的不均。如果不注意保护农民在农业发展方式转变中的主体地位，推进农村资源、要素资本化与推进资本下乡相结合的过程，也有可能变成工业剥夺农业、城市掠夺农村的过程，形成资本逐利对农民增收的挤出效应，加剧城乡之间、农户之间收入差距的扩大化。

如果资源、要素的资本化同农业农村经济运行中垄断的深化结合起来，则资源、要素资本化对农民增收的负面影响更大。在农业、农村经济运行中，垄断的深化主要表现在以下四个方面：

一是农业产业化经营中“企业控制产业”现象的形成和深化。所谓企业控制产业，即在农业产业化经营中，单个或少数大企业取得垄断地位后，形成对特定地区、特定农业产业链资源、市场、产品和要素价格的控制能力，导致大量的中小企业、农民专业合作社或农户日益走向边缘地位，丧失谈判能力。

二是随着引进外资规模的扩大，少数外资企业逐步形成对中国特定农业产业链或农产品市场、农产品物流等环节的控制能力。

三是农药、化肥、良种等农资环节或农产品加工、流通环节的企业规模较大或组织化程度较高，而农业生产环节以大量小规模分散经营的农户为主，容易加剧农资或农产品加工、流通企业相对于农民在市场谈判中的强势地位，加剧农民在资源、要素竞争和利益分配中的边缘化状况。

四是少数国有企业，依托政府资源，在政策和资源分配中取得优势地位，形成市场垄断格局，有可能导致在地方政府农业政策的制定中出现农民利益

“被代表”、国家利益企业化的现象。显然，上述四个方面如果超出一定限度，都会直接或间接地影响农民增收。

（六）特殊困难地区的扶贫问题

从当前和长远的结合来看，连片特困地区、地质灾害易发地区和高山远山地区等特殊困难地区的贫困问题，也是影响农民增收的重要因素。这些特殊困难地区农民增收困难，是农民增收中的“难中之难”。前文分析显示，近年来低收入农户、中等偏下收入农户的增收困难问题日趋突出，这与特殊困难地区的增收困难之间有密切关系。这些特殊困难地区的扶贫成效，必然会对农民增收形成深远影响，甚至直接影响全面建设小康社会的实现程度。要实现中共十八大提出的2020年农民人均收入比2010年翻一番的奋斗目标，需要从2012年到2020年9年间，全国农民人均纯收入年均增长6.7%以上。单就总体而言，实现这一目标的可能性较大。因为按可比价格计算，1979～2011年和2001～2011年间，全国农民人均纯收入都是年均增长7.4%。但是，如果考虑到这些特殊困难地区的增收困难，要实现2020年较2010年农民人均纯收入翻一番的奋斗目标，难度不可低估。因为在这些特殊困难地区和重点群体中，率先脱贫者往往劳动力素质较高，增收难度较小。随着扶贫工作的进展及其成效的取得，特殊困难地区的区域和人口规模可能越来越小，但其脱贫增收的难度将明显加大。

（本文原载《经济与管理研究》2013年第4期，《新华文摘》2013年第17期转载）

新形势下促进就业要实现“四个转变”

谭永生

内 容 提 要

在我国新增劳动年龄人口增速放缓、就业压力逐渐有所减轻的形势下，促进就业的政策要努力实现由扩大就业总量向更加注重优化就业结构转变、由扩大就业数量向更加注重提升就业质量转变、由促进就业向更加注重提升就业能力转变、由雇佣就业向更加注重鼓励自主创业转变。政策重点也应转向就业结构进一步优化、就业能力明显提高、就业质量稳步提升方面。

一、新形势下我国就业面临的主要问题

后危机时期，国际环境变化对我国扩大就业形成了新的制约。国内经济增速放缓、结构调整、人口红利减弱、劳动力成本提高等经济环境变化也对就业提出了新的挑战，促进就业面临一些新情况和新问题。

（一）国际形势形成新的制约，外需吸纳就业变数增多

受全球经济复苏进程缓慢的影响，全球贸易和投资增长短期内还难以恢复到危机前的水平，将对我国稳定出口增加难度，吸纳就业能力受到制约。短期看，制造业全球再平衡对我国劳动密集型制造业的影响有限。长期看，受劳动力成本所占比例、国际物流成本、各国的比较优势和公司经营战略等众多因素的影响，我国劳动密集型产业的比较成本优势会逐渐减弱，劳动密集型产业吸纳就业能力也会逐渐下降。此外，未来针对我国的反倾销等可能增加，人民币面临升值压力，我国也将会从贸易顺差逐渐走向贸易平衡抑或贸易逆差，外需吸纳就业难度明显增大。

（二）经济增速放缓拉动就业能力下降，潜在失业风险积聚

短期看，经济增速放缓会影响企业吸纳就业的能力。作为就业岗位重要提供者的中小企业，将继续面临生产成本、融资成本和人工成本上涨的多重压力，部分企业将出现经营困难，继而造成就业岗位的减少和就业压力的增大。另一方面，未来我国经济仍会保持在中速增长的通道内，但是从劳动就业的指标来衡量，经济增长的需求弹性和产业发展所增加的就业数量已经有限，经济增长拉动就业的能力会出现下降。在经济增长放缓时雇主首先减少雇用的必然是劳动力市场中新加入的青年群体，这也增加了青年群体的潜在失业风险。

（三）劳动力素质不匹配，结构调整加剧结构性失业风险

一方面，经济结构调整过程中落后的生产能力将逐渐被淘汰，部分企业将面临关闭破产，其对就业的挤出效应也会逐步显现。尚处起步阶段的战略性新兴产业还未形成明显的就业增长效应，具有较高技术含量的先进制造业和生产型服务业也需要经历一个成长期，期间结构性和摩擦性失业风险会增加。另一方面，结构调整客观上要求劳动力在各产业、各区域之间实现有序转移，这将是一个长期的过程。结构调整要求劳动者素质改善，以应对市场需求的变化，而我国人才教育培养不对路的问题仍很突出，从而加剧结构性失业。

（四）数量型人口红利效应逐渐减弱，劳动用工成本加速上升

目前，我国新增劳动年龄人口逐步减少，数量型“人口红利”开始逐渐减弱。农村富余劳动力向非农部门转移的进程虽未结束，但农村富余劳动力转移高潮已经过去，未来转移速度和规模也会逐渐趋于平缓，以农村劳动力无限供给特征逐渐消失为主要标志的“刘易斯转折点”也会逐渐临近。受劳动力供求关系、生活必需品价格上升、社会福利提高以及劳动条件改善等各种因素的共同作用，我国劳动用工成本会加速上升。短期看，劳动力成本上升会增加企业用工成本，影响整体就业的增加。从长期看，工资水平的提升，会增强劳动者素质的改善，进而会提升就业质量，有利于产业结构的优化升级。

二、新形势下我国就业呈现的特点及趋势

新形势下影响我国经济发展的许多重要变量都将发生显著变化，发展方

式切实得到转变，产业结构不断优化升级，在此影响下，劳动就业也会呈现一些新的特点。

（一）就业总量压力逐步趋于减缓，但中长期仍将持续存在

从15－64岁劳动年龄人口的供给来看，对我国2011～2030年期间的劳动力需求预测表明，在2030年前我国劳动力依旧供给大于需求，就业压力总量仍持续存在。2030年后，我国的就业总量矛盾有望得到缓解。造成这种状况的原因，一方面，人口年龄结构的迅速变化仍使我国处于劳动力供给较为丰富的时期，更重要的是，随着农业生产率的提高，农业仍将产生富余劳动力。另一方面，随着我国经济发展方式的转变，产业结构的优化升级，经济增长对就业的需求拉动能力也在下降。劳动力供给相对充裕和就业需求相对不足使得我国就业总体上依旧呈现供大于求的局面。

表1　2010～2030年我国劳动力供需情况（亿人）

年份	劳动力供给量	劳动力需求量	劳动力供大于求数量
2010	7.84	7.61	0.23
2015	8.07	7.79	0.27
2020	8.10	7.84	0.26
2025	8.14	7.90	0.24
2030	8.22	8.17	0.05

（二）就业结构逐步趋于优化，供求不匹配矛盾将会更加突出

随着产业结构的优化调整，我国的就业结构也将会发生重大变化。从就业结构上看，第一产业的就业比重将显著下降；在新型工业化完成时，工业部门就业人数占总就业人数的比重将会达到峰值，随后第二产业就业比重也会逐渐下降。随着服务业的加速发展，就业结构将加速调整，第三产业的就业比重将不断上升，三次产业的就业结构将趋于合理。据预测，到2020年我国三次产业的就业结构将调整为21.6：30.8：47.6，到2030年将调整为10.0：28.2：61.8。就业结构的优化调整需要有高素质的劳动者来做支撑，今后一个时期，我国劳动者技能与岗位需求不匹配造成的就业结构性矛盾会更加突出，并将成为未来影响劳动力就业的主要矛盾。

（三）行业吸纳就业能力进一步分化，新兴业态将成为新的就业增长点

对各行业的就业创造能力的投入产出分析表明，第二产业中就业创造能力较大的行业主要是高新技术制造业，就业创造能力较小的主要是资源性行业；第三产业中就业创造能力较大的主要是新兴服务业，就业创造能力较小的主要是传统服务业。纺织、服装、造纸、木材等工业行业的静态就业效应较强，稳定就业应该依靠这些行业，但是这些行业的动态就业效应不强，扩大就业的能力有限。仪器仪表、通用设备、电气机械及器材等技术相对密集的制造业以及居民服务、房地产、信息传输、计算机服务和软件、租赁和商务服务等新兴服务业的静态就业效应较小，但是动态就业效应较强，因此高新技术制造业和新兴服务业是未来扩大和促进就业的主要行业。

（四）区域吸纳就业的比较优势愈加明确，中西部将成为新的就业增长点

对我国东、中、西三大经济区域的动态就业弹性分析表明，东、中、西三大经济区域的短期就业弹性存在较大差异，但地区之间的长期就业弹性差异不大。从就业结构上看，未来一段时期东部地区仍将是城镇就业的主要区域，但受发展方式转变和产业结构调整升级的影响，一些劳动密集型产业将逐步转移，其吸纳就业增量会放缓。中西部地区受区域结构调整政策的影响，劳动力需求逐步旺盛，这会使区域间的新增就业格局发生变化，中西部将会在吸纳就业方面发挥更加重要的作用。如果中西部地区的产业结构能够和东部地区进行有效对接，当东部某些产业处于衰退阶段、就业需求减少时，中西部能够对东部地区的失业人口形成有效吸纳，中西部地区也会逐渐成长为新的生产和就业中心。

三、对策建议

在我国新增劳动年龄人口增速放缓。就业总量压力逐渐有所减轻的新形势下，促进就业的政策思路也要有所调整，要更加注重实现“四个转变”。

（一）加快产业结构调整，实现由扩大就业总量向更加注重优化就业结构转变

一是加快传统产业转型升级，延续发挥劳动密集型产业的比较优势。用先进适用技术改造传统产业，将技术要素充实到劳动密集型产业中，实现劳动密集型产业、资本密集型产业、技术密集型产业相互交融，并行发展。

二是构建生产性服务业与制造业的互动发展机制，优化制造业就业结构。要适当压缩加工贸易，实现国民经济均衡发展，为生产性服务业发展创造条件。加快实行制造业的“主辅分离”，引导和推动制造业企业通过管理创新和业务流程再造，逐步将发展重点集中于技术研发及核心零部件生产，将一些非核心的生产性服务环节剥离为社会化的专业服务，以核心竞争优势整合配套企业的服务供给能力。

三是促进现代服务业发展，优化服务业就业结构。把养老服务、少儿托管等专业特色服务，以及社区服务、家政服务、病患陪护服务等，作为支持生活性服务业的重点领域，引导其提高服务质量，降低服务成本和风险。

（二）加快区域发展战略调整，实现由扩大就业数量向更加注重提升就业质量转变

一是加快区域间产业转移，促进劳动者实现就近就地就业。加大对中西部基础设施建设的投资力度，改善投资环境，降低中西部地区产品的物流成本，提高外贸企业产业转移的积极性，鼓励物流成本低、产品时效性弱的劳动密集型中小企业向中西部地区转移，推动雁行产业转移模式，使中西部地区在未来吸纳农村人口进入城镇就业中发挥更大的作用。

二是统筹大中小城市协调发展，注重发挥中小城市吸纳就业的作用。综合考虑中小城市的区位条件、资源禀赋、产业基础、文化底蕴，科学定位主导产业，强化其产业集聚能力，促进新增劳动力就近就地就业。

三是稳步推进农民工市民化，实现农民工稳定转移就业。中小城市要根据实际放宽落户条件，坚持因地制宜、分步推进，把有稳定劳动关系并居住一定年限的农民工及其家属逐步转为城市居民。深化教育制度改革，以流入地全日制公办中小学为主，保证农民工随迁子女平等接受义务教育，并做好与高中阶段教育的衔接。

（三）加大人力资本投资，实现由促进就业向更加注重提升就业能力转变

一是增加人力资本积累，实现由“数量型”向“质量型”人口红利转变。加大教育的公共投入，降低家庭和个人教育支出比重，通过劳动力市场制度建设，矫正失灵的市场信号，提高人力资本投资回报率，引导家庭和个人对人力资本投资。

二是优化教育发展结构，实施职业教育优先发展战略。政府要切实履行发展职业教育的职责，把职业教育纳入经济社会发展和产业发展规划优先发展。加大对职业技术院校的投入，未来时期要在师资、资金、设备、政策等方面给予倾斜，并重点建设一批职业技术院校。

三是启动劳动者“强制”培训计划，推行新成长劳动力“就业准入”。建立健全覆盖城乡全体劳动者，并能适应其职业生涯不同阶段需要的职业培训制度，使新进入人力资源市场的劳动者、企业技能岗位的职工、创业者、转岗、转业人员都能得到规范的培训。要在现已确定的职业准入范围基础上，有计划、有步骤地推行职业准入制度，逐步做到凡已公布实行职业准入的行业，新成长劳动力如果没有接受学校教育或职业培训并取得相应的毕业证或职业资格证不能就业。

（四）引导劳动者转变就业观念，实现由雇佣就业向更加注重鼓励自主创业转变

一是加强创业教育培训体系建设，引导劳动者转变就业观念。动员有条件的各类教育培训机构开展创业培训，鼓励有条件的地方建设一批示范性的创业孵化基地。加强宣传和舆论引导，大力弘扬创业精神，传播创业文化，逐步改变人们的传统观念，在全社会营造建立创业型社会的氛围。

二是进一步改善创业环境，促进高校毕业生创业带动就业。简化创业政策落实过程中的审批程序，降低注册门槛，完备包括财税金融支持、税费减免、小额担保贷款、场地安排等扶持政策在内的促进大学生创业政策体系。严格规范收费行为，清理和废除政府各部门和各行政事业机构对个体、微型和小企业的一切不合理收费和罚款项目，改善创业环境，提高大学生创业成功率和创业存活率。

三是加强输入地和输出地的互动支持，扶持农民工返乡创业带动就业。沿海地区政府及企业在政策、信息、社会网络、创业理念等方面要实现与内

地的互通，并加快沿海地区和内地在产业资源、人力资本、市场客户资源、财务资本等创业要素方面的互补整合，使返乡农民工可以得到地方政府和沿海地区的全方位支持。内地政府还要积极引导农民工顺应国家产业政策的要求，选准创业门路，防止高污染企业向中西部转移，重点鼓励扶持发展本地特色农业、现代农业、品质农业、生态农业，给返乡农民工提供在家门口创造就业的机会，就近就地解决农村剩余劳动力的就业问题。

（本文原载《调查研究建议》2013 年第 5 期）

变“捆绑式”为“分离式”改革　加快推进户籍制度一元化进程

张林山

内容提要

未来我国户籍制度改革的核心思路是变“捆绑式”为“分离式”改革，着力推进“三分三改”。“三分”即迁徙与准入分离，户口与福利分离，转户与失地分离；“三改”即推进户籍迁移制度改革、城市福利和保障体系改革以及农村土地管理制度改革。

在半个多世纪的时间里，我国的二元户籍制度完备。目前，传统户籍制度的弊端日益显现，已经被公认为我国城市化和现代化的最大障碍，对其改革的必要性已达成共识。

一、户籍制度捆绑了太多的福利和利益

二元户籍制度对农村和城市区别对待，造成了城市和农村事实上的不平等。据国务院发展研究中心课题组调查，目前与户籍挂钩的个人权利有20多项，涉及政治权利、就业权利、教育权利、社会保障、计划生育等各个方面。

（一）就业制度

目前，我国劳动力市场依然具有二元分割的特征，户口造成劳动力市场分割的状况不可忽视，限制了农村劳动者进入主要劳动力市场。这种户籍身份的差异及其所体现的制度分割既损害了社会公平，也对社会造成了效率损失。当前，农村剩余劳动力进城就业的行业、工种限制虽然正在逐步取消，但仍存在其他制度性的限制，对农村剩余劳动力的就业歧视还未完全消除。

城镇公共就业管理服务体系对农民剩余劳动力开放还需解决观念、体制

和物质技术条件等问题，让农民工享受与城镇居民同等的公共就业服务还需做大量工作。对进城农民工的社会治理严重缺位，没有建立完善的农村劳动力转移就业市场服务体系，导致农民工就业信息不畅，有组织外出的比例比较低。

（二）社会保障制度

由于城乡二元经济社会结构的历史影响，城市社会保障体系在保障机制、基金筹措、管理办法、保障标准、保障覆盖率等诸方面都与农村有很大的差异。城镇居民的社会保障体系是由基本养老保险、基本医疗保障、失业保险和最低生活保障为主体，保障项目齐全、保障水平较高的保障体系。而目前农村各种社会保障制度建立时间不长，亟待进一步完善。在城镇就业的农民工群体虽然在城镇工作和生活，但却很难加入城市社会保障体系。个体户、中小企业在履行农民工社保责任方面态度不积极，甚至连事业单位对雇佣的农民工也没有建立相应的社会保障。

（三）教育制度

流动儿童的入学障碍和留守儿童的教育培养在很大程度上影响着农民工的迁移决策。大量迁移进城的农民工子女被排斥在城市公办学校之外。我国教育存在很大的地区差别，学籍制度使城市农民工子女在升学尤其是高考时，必须返回家乡参加考试。

这对以“家庭迁移为主体、以永久性迁移为目的”的城乡人口迁移形成了巨大的阻碍，使得大部分进入城镇务工经商的农村劳动力的子女无法跟随自己父母就地上学，而不得不留在家乡成为没有父母照顾的“留守儿童”。而农村教育水平较低、投入不足，学龄儿童辍学率居高不下。他们没有通过升学就业，而是过早地加入了农村劳动力大军。

（四）住房制度

在城市化进程中，户籍制度是约束农民工城市住房问题的基本制度“瓶颈”。农民工为城市经济的发展做出了不可磨灭的贡献，但农民工却未被纳入城镇住房保障体系。在一些地方规定中更是以户籍居民作为享受保障性住房的前提条件之一。例如，北京市2008年出台的《北京市限价商品房管理办法（试行）》中明确规定，申请人必须具有北京市户口。显然，保障性住房政策作为社会福利的一个组成部分，相当程度上还是根据户籍来分配的。住房是维持生存的基本商品，农民工的基本住房需求在城市无法得到满足意味着他们在城市无法长期维持生存。由于没有相对稳定的住宅，相当一部分在城市务工、经商的农民对所在城市认同感不强，使得他们不得不成为城市的过客，在城市工作一段时间回流到农村去。

表 1 本地户籍和非本地户籍享受福利差异

享受福利	本地户口	非本地户口
就业	政府采取大量措施解决本地户籍下岗失业人员就业问题	存在就业歧视现象，无法从事公务员，教师，售票员，环卫工等等岗位，就业服务欠缺
社会保障	拥有保障项目齐全、保障水平较高的保障体系	流动人口特别是农民工群体社会保障覆盖面还很窄，且转移接续问题很多
教育	孩子可以享受到当地优质的教育资源；教育资源优势集中的地区，本地户籍的学生上大学相对容易	可以让孩子上民工子弟小学；或者选择高价缴纳赞助费送孩子读完中小学，但不能在户口所在地之外省份参加高考；或者成为留守儿童在家上学
住房保障	各级政府建立主要面向本地户籍的住房保障体系，着力建设限价房、经济适用房、廉租房，等等	外地户口很难享受住房保障政策，无法购买限价房，经适房
医疗	儿童医保只限于本市户籍；生育保险只限于“具有本市常住户口的职工”，等等	享受基本医疗保险，生育保险很难享受

二、“制度脱钩”成为户籍制度改革的关键

户籍改革关键在于治本，即剥离户籍所含福利，并且实现福利的均等化配置。但是，大多数人为户籍改革开出的“药方”却对如何剥离户籍福利语焉不详，而是希望通过降低入户门槛来使更多的人享受城市福利。因此，只要户籍与福利不脱钩，还存在不同性质的户口，就无法实现户口一元化改革目标，达到由户口管理向人口管理的转变。

现行的户籍制度改革牵扯到教育、就业、医疗、住房等方方面面的潜在利益，可谓牵一发而动全身。在户籍制度改革 30 余年的实践中，各地相继推

出的多项改革措施仅在一定程度上解决了户籍制度中的部分突出问题，多是一些头痛医头、脚痛医脚的权宜之计，有着很强的应急性。中央政府则只是着重强调放宽各级城市的户籍准入门槛，让更多的流动人口特别是已经在城市长期居住生活的人落户城市，享受城市福利。

目前，理论研究和实践操作最根本的缺陷就是没有理清户籍改革的正确思路，仍然延续计划经济下二元户籍管理以及在此基础上的福利配置的基本思路，没有从根本上重视和着力推进住房、教育、就业、医疗等城市福利和保障体系的"去户籍化"进程，而是继续将这些福利和利益捆绑于一纸户籍之上，各个社会领域错误地运用户籍制度管理内部事务。城市社会管理方法应多样化，户籍制度不应成为主要手段甚至是唯一手段。拥有户口本就拥有本地一切计划经济遗存的全部福祉，没有户口本就没有在本地正常生产生活的一切条件，这种继续把各种社会管理制度捆绑到户口上的陈旧思路，使不断"开口子"或者"放松"的户口迁移制度改革总是事倍功半甚至适得其反。

三、户籍制度改革的核心思路：变"捆绑式"为"分离式"改革

（一）迁徙与准入分离，变户口管理为人口服务

迁徙自由是现代国家公民权利的重要内容。严格意义上说，在我国户籍制度变迁过程中，无论是计划指标落户模式，还是条件准入落户模式，都是城市政府对流动人口自由迁徙权的侵犯。户籍制度实质上已成为城市政府和城市居民维护其既得利益的工具，通过设置准入条件将大多数流动人口排除在社会福利和保障体系之外。改革户籍管理制度，重点就是针对现实户籍制度存在的种种弊端，突破多年的农业和非农业的管理模式，以社会经济发展现实需要为出发点，实行全国统一的居住地户口登记制度，尽快建立一种与国际接轨的户籍管理制度。

（二）户口与福利分离，变户籍准入为福利准入

剥离附着在户口背后的各种利益是深化户籍制度改革的关键。要废除一切把户口与就业和公共福利待遇联系起来的制度，彻底取消现行户籍制度对财富分配、公共服务等公共资源分配的依据功能，把隐藏在户口之后的劳动、

人事、工资、物价、教育、卫生、社会福利等诸多制度与户口脱钩。即今后不是户口决定就业、教育等社会生产生活条件，社会福利保障的取得不再与户口相联系（或是说户口不是取得福利的充分必要条件）。市场经济意义上的社会福利保障体系的构建必然有其自身内在规律和制度约束，其覆盖面和保障水平可以通过相关条件和参数来控制，而不必仅以户口为判别依据。

（三）转户与失地分离，变土地保障为土地财产

即在农民的自由迁徙和社会身份转变过程中，农民应有自由处置土地财产的权利，农民迁入城镇不带任何条件，不以失去土地等财产权利为代价。在这个过程中，既要创造条件，让农民在城镇安居乐业，又要允许农民享有对土地的权益，以此作为应对不确定性及各种风险的生存保障。

四、户籍制度改革的战略重点

（一）推进户籍迁移制度改革：提供便捷服务，保障人口自由迁徙

推进户籍迁移制度改革，就是要改变户籍的二元制结构，取消农业户口和非农业户口的区别，以常住地为户口登记标准，建立新的城乡统一的户口登记制度。加快人口管理信息化，建立统一的人口信息平台，建立以智能式身份证为主的社会信用体系，实现户籍管理从以户为中心的静态管理向以人为中心的动态管理过渡，从城乡分治向城乡统一管理迈进。

（二）城市福利和保障体系改革：推进常住人口社会管理手段多元化、基本公共服务均等化

一是要加快推动福利去户籍化。社会福利和保障体系建设不应作为户籍制度改革的配套措施，而是关系到户籍改革的成败的关键环节，是我国户籍制度改革的真正突破口。城市福利和保障体系的规划和发展应以常住人口为依据，今后社会福利保障的取得不再与户口相联系。各种社会管理制度与户口制度脱钩后，将迫使在户籍制度掩护下的这些制度直接在各自领域改革。当然，这些改革要以中央和地方的财政管理体制改革为支撑，保障各级城镇的常住人口公共服务供给。

二是要设立必要的福利准入门槛。在当前我国地区之间、城乡之间还存

在较大的福利级差的条件下，设立福利准入门槛尤为必要，可以有效防止“城市病”的发生。需要设立准入门槛的城市福利和保障体系可以分为两种类型，一类是公共服务类，如教育，计生、基础设施等公共品服务；另一类是社会救济类，如保障性住房，社会福利事业，低保等排他性救济品服务。公共服务类福利准入门槛参数可以主要以常住人口的工作或居住年限为依据，如北京市的小汽车限购政策规定外来人口购车需提供连续 5 年以上缴纳北京社保和个税的证明；社会救济类福利准入门槛参数可以主要以常住人口的工作或居住年限以及常住人口的收入及资产状况为依据。具体参数的设定要根据各类福利和保障项目的不同而有所不同，但前提是这些参数必须是客观的、无歧视性的。

（三）农村土地管理制度改革：推进农民土地财产权利的保护和实现

推进农村土地管理制度改革，总体要求是在农民的自由迁徙和社会身份转变过程中，农民在土地承包期限内，在符合城乡规划和土地用途管制的前提下，农民迁入城镇应不带任何条件，不以失去土地等财产权利为代价。在此基础上，要积极鼓励农村承包地以各种形式流转，促进土地规模化专业化经营。鼓励农民包括宅基地在内的建设用地指标“地随人走”，指标调配给常住地使用，并相应核减原住地建设用地指标。

（本文原载《调查研究建议》2013 年第 13 期）

第五篇　城镇发展与交通运输

我国城市群建设的战略构想

高国力

内容提要

城市群是城镇化达到较高水平的空间形态，其内涵和特征与自然、经济和社会等多方面因素密切相关，其实质在于城市间的紧密联系和协调互动。我国城市群建设要从空间规划、配套体制和分类政策三个方面提供有力支撑，确保我国新型城镇化进程顺利推进。

党的十八大报告第四部分“加快完善社会主义市场经济体制和加快转变经济发展方式”中第（三）条内容指出，“推进经济结构战略性调整。……科学规划城市群规模和布局，增强中小城市和小城镇产业发展、公共服务、吸纳就业、人口集聚功能。……”。前不久刚刚结束的中央经济工作会议对于2013年经济工作的第四项任务指出，“积极稳妥推进城镇化，着力提高城镇化质量。……要构建科学合理的城市格局，大中小城市和小城镇、城市群要科学布局，与区域经济发展和产业布局紧密衔接，与资源环境承载能力相适应。……”。上述两个重要报告中均提到了城市群的科学发展问题，这表明今后城市群将成为我国推进城镇化发展的重要载体和形式，迫切需要借鉴国际上城市群发展的先进理论和实践经验，理性正确认识我国城市群的基本特性，建立符合我国基本国情的城市群相关理论、方法和政策体系。

一、城市群具有不同于都市区（圈）的形态和特性

城市群是指在一定空间范围内布局不同数量和规模的城市而形成的空间布局形态和城市化载体，都市区（圈）则是指依托和围绕特大城市与周边不同数量和规模的城市而形成的空间布局形态和城市化载体。两者主要区别在于，都市区（圈）内部特大城市保持多方面的绝对垄断地位，周边其他城市

具有更强的依赖性和附属性；一般的城市群内部不同城市具有各自的功能分工，保持相互间影响和联系，呈现出各自相当的独立性。都市区（圈）可以看作是一种特殊类型的城市群，不能把都市区（圈）作为城市群的全部和主体。都市区（圈）作为一种发达国家比较成熟的空间布局类型，相关的理论和实践研究较多，如大巴黎、大伦敦、大纽约、大东京等。我国目前具备都市区（圈）特性的主要有北京、上海、广州、武汉等特大城市及周边城市，基于我国人口规模大、城市数量多、城镇化速度快的基本国情，今后更需要重视和发展的应该是依托一定空间范围内条件优良、数量众多的大中城市共同形成的城市群来实现推进城镇化发展的任务。

二、城市群的空间范围、城市数量乃至发展形成受到地理条件、区位交通、经济发展水平等多方面因素影响

城市群由于具有不同的空间范围和城市数量，因而形成不同规模大小的城市群。从理论上讲，一定空间范围内分布有超过 3 个以上城市就形成城市群，但是在实践中能否成为城市群的关键是在多大的空间范围内和城市间的联系程度如何。城市群的空间范围和城市数量没有固定的模式和要求，适度的空间范围和城市数量对于城市群内部分工和功能完善具有重要作用。城市群的空间范围、城市数量和发展形成主要受到地理条件、区位交通、经济水平等因素的影响，一般来说地势地貌条件越平坦、区位交通状况越优良、经济发展水平越发达，则城市群的空间范围越大、城市数量越多、城市群越容易发展形成。基于这一分析，我国的城市群在东部地区相比中西部地区空间范围更大、城市数量更多、更能够发展形成。根据我国城市发展和布局的特点，笔者个人认为城市群的空间范围大致应该保持城市间距离 200 公里以内，不同规模城市群由于地理、区位、交通以及辐射集聚能力的差异，城市间距离可相应增加或减小。

三、城市群的核心和实质在于城市间的紧密联系和协同互动

城市群不是若干城市在一定空间范围内的自然布局和简单组合，如果是这样的话，任意圈定一定空间范围内的大中小城市都可形成所谓的城市群。城市群能够成“群”的关键在于城市间的紧密联系和协同互动，促进城市间

要素自由流动、资源高效配置、基础设施对接、产业关联配套、公共服务均等，充分发挥城市群的规模效应、集聚效应和协同效应。要实现这个目标，必须要考虑三个方面的影响因素：

一是城市间的行政区划分割因素，如果不打破城市间的封锁、壁垒和保护，改变传统计划经济色彩的行政区经济为市场经济体制下的区域经济，就难以实现城市间的要素自由流动和资源高效配置。

二是城市自身的规模和功能大小因素，城市群的形成首先对于内部城市的规模、功能、城镇化水平、经济发展水平具有严格的要求，只有达到一定水平之后才有可能朝着城市群方向发展。现阶段我国拥有 284 个地级市、369 个县级市、超过 2 万个城镇，城市群的形成发展不可能遍地开花，重点应该选择条件具备的部分地级市和县级市作为今后培育发展城市群的主体。

三是城市群的资源环境承载能力因素，城市群的培育发展必须充分考虑土地、水、能矿、环境容量、生态本底等资源环境承载要素，依托资源环境承载能力来确定城市群是否适合建设，以及建设城市群的人口规模、产业选择和城市数量。

四、依托各级各类空间规划合理确定不同类型重点城市群布局

随着我国城镇化水平的提高，城市群逐步成为支撑和带动城镇化的重要载体和形式，但是城市群的发展和形成又需要自然、经济和社会等各方面条件的支持和配套，不可能短时间内全面铺开，数量和规模也不可能过多过大，因此，需要根据我国各地区和城市发展的实际情况，依托各级各类空间性规划，科学合理地确定不同类型重点城市群的布局和建设。

第一，依托宏观尺度和战略层面的主体功能区规划和国土规划，主要考虑在主体功能作为重点开发的区域和资源环境禀赋较好、承载能力较强的国土空间，合理规划布局城市群的数量、规模和类型。

第二，依托中观尺度的城市总体规划和城镇体系规划，论证分析各城市发展的规模和潜力、城镇等级结构和数量，确定城市规划区和建成区的合理边界，科学评估城市群建设的可能性和规模大小。

第三，依托相对微观尺度的土地利用总体规划，确定城市群土地利用结构和潜力，确保农业用地和生态用地的分布，严格控制建设用地的总量和增量规模，提高土地集约利用效率和效益。

五、加大有利于城市群科学发展的体制机制探索和创新

城市群的发展需要科学规划和合理引导，既不能盲目求快求大导致重复建设和一哄而上，也不能消极无为放任自流丧失发展机遇，需要进行大胆的配套体制机制探索

一是率先确定一批最有潜力和特色的重点城市群作为体制改革的试点，赋予试点城市群在土地、财税、规划、人口等领域管理体制方面的先行先试，探索建立有利于城市群健康发展的分层分类体制机制。

二是建立城市群不同层级政府部门间沟通协商机制，设立专门的联系和管理机构并明确相应职能，建立定期或灵活的联席会议、重大事项通报、应急预警防范等方面制度。

三是建立引导城市群科学发展的绩效考评机制，制定明确的奖惩标准和办法，探索建立一套科学规范的城市群发展考评指标体系，加快形成及时动态调整和高效反馈机制。

四是从战略和顶层设计层面，探索建立城市群城市间合理公正的利益分配、协商和补偿机制，妥善处理整体与局部利益、近期与远期利益之间的关系，为城市群可持续发展提供长远体制保障。

六、建立规范引导城市群健康有序发展的分类政策体系

随着城市群发展配套体制机制的探索和改革，应在每个不同阶段制定分类的针对性政策，一方面促进配套体制机制的优化调整和发展成型，另外一方面也推动城市群的发育成熟和功能完善。一类政策是关于资源利用和环境保护领域，包括农村集体建设用地流转、征地补偿标准、土地跨行政区置换和补偿、水资源调用和补偿、排污权和碳排放权交易等方面，切实为城市群发展创造集约化资源利用和绿色低碳循环的生态环境保障。一类政策是关于产业发展和布局领域，包括城郊和都市农业发展、工业集中布局和转移、传统产业优化升级、新兴产业培育壮大、服务业加快发展等方面，引导促进城市群建立产业集群和链条上的关联配套，减少相互间产业重复建设、产能过剩和恶性竞争，提升城市群产业体系核心竞争力。一类政策是关于基本公共服务体系和社会发展领域，包括教育、卫生、文化等领域均等化，公共服务逐步覆盖常住人口，交通、通讯等服务同城化，流动人口和户籍管理，社会

管理、生态环保等一体化等方面，为城市群新型社会形态和可持续发展提供坚实基础。

2012 年我国城镇化水平超过 52%，今后相当长时期仍有大量人口成为城市人口，城市数量和规模还将不断增加，城镇化进程处于加快推进阶段。推进我国城镇化进程的基本路径主要有两条：

一是加快培育一批资源禀赋好且集约化水平高、生态环境容量大且质量优、人口和产业吸纳能力强、综合配套功能完善高效的重点城市群，充分发挥城市群的空间集聚、规模经济和协同效应。

二是加快发展布局分散、数量众多、特色各异的重点城镇、县城、中小城市，不断完善综合配套功能，提升人口和产业吸纳能力和引力，发挥毗邻乡村地区、进城门槛成本低的比较优势，促进成为我国推进城镇化的有力补充和现实选择。妥善处理好这两种路径的规模、时序和布局，既要防止人口过于集中城市群带来的资源环境压力难以承载，也要防止人口过于分散到大量的城镇和中小城市造成的资源浪费和建设成本高昂，对于我国城镇化的持续健康发展至关重要。

（本文原载《经济日报》理论周刊 2013 年 2 月 1 日）

对新型城镇化进程中若干问题的思考

刘立峰

内容提要

新型城镇化要有利于实现城镇的均衡发展，促进中西部城市和中小城市的发展，推动人口的就地城镇化。城镇化不是吸引农民向城镇聚集的单向发展过程，吸引城镇居民到农村居住和就业也是城镇化的重要组成部分。面临未来新型城镇化的投资需求，必须从财政可持续发展的角度考虑，有效控制城镇化的速度与节奏。采取城市运营商模式可以使地方政府得到需要的设施和服务，却不必陷入土地财政矛盾的漩涡，促进了投融资模式的可持续发展。行政区划和建制调整应有利于资源的优化配置及行政效率的提高，要充分考虑群众的切身利益不受影响。新型城镇化要从根本上抛弃绝对经济利益导向的大拆大建，实现城市文化传承和城市记忆延续。

我国城镇化取得了巨大的成就，2011 年，城镇化率超过了 50%，城镇人口总数已经接近了整个欧洲的人口数，进入了以城市社会为主的新阶段。但是，与此同时，传统城镇化发展质量不高、不协调、不和谐、不可持续等问题，也越来越明显地暴露出来，探索新型城市化道路具有现实的紧迫性。

一、城镇化的更均衡发展

我国城镇化的发展具有显著的非均衡特征。大中小城市差距很大，北京、上海、广州等大城市城镇化率超过了 80%，但西部地区城镇化率仍很低。城市发展规模也严重不均衡，截至 2011 年末，全国有 13 个城市人口超过 1000 万，但是城市平均人口却只有 52 万①。北上广等少数城市长期得到国家的政

① 韩洁、徐蕊：《报告称：中国城镇化率首超 50%》，《新华每日电讯》2012 年 5 月 10 日，第 1 版。

策支持和集中投入，举办奥运会、亚运会、世博会使这几个城市市政设施水平提前了十多年。而每个省区都把省会城市作为发展的中心，经济发展过度集中。除直辖市以外，2011 年，我国有 19 个省会城市的经济总量占本省的 1/5 以上，吉林、黑龙江、湖北、四川等 7 个省会城市的经济总量占本省的 1/3 以上。2011 年，省会首位度[①]超过 2 的有 9 个省区，超过 1.5 的还有 5 个省区。成都首位度接近 6，武汉首位度则超过了 3[②]。

东部沿海地区的城市经济发展水平明显高于中西部，产业和企业的聚集度也更高，造成劳动力从中西部地区拥向东部的大城市，而这些城市在住房、教育、医疗、社保等方面又不能为外来人口提供同等的服务，造成 2 亿流动人口只是实现了地域转移和职业转换，但却没有实现身份转变。城市间在产业发展、基础设施和公共服务水平方面差距巨大，大企业、大机构、名医、名校全部集中于东部大城市以及中西部的少数中心城市，高速公路和铁路网实现了这些城市间的点对点的联络。物流、人流、信息流都向这些城市集中，导致这些城市的房价畸高，交通拥挤不堪，大气污染严重，上学难、就医难等问题日益突出，城市病逐步蔓延。无论是区域发展总体战略，还是主体功能区战略，或是城镇化发展战略，都以强化核心区域、中心城市的集聚功能为主要方向。而与这些中心城市地理距离越远的中小城市，发展条件越差，机会越小，越来越被边缘化。我们需要走更加均衡的城镇化道路，在这方面德国的经验最值得借鉴。作为世界城市化率最高的国家之一，德国城市在很多方面实现了均衡发展。

在德国，大中小城市之间以及城乡之间的基础设施、工作机会、社会保障、就医等条件几乎无差异。很多德国的大企业也并非出自大城市，德国的标志性企业西门子就位于仅有 10 来万人口的爱尔兰根，城里一半人口在西门子工作[③]。未来，我国的新型城镇化发展的重点应该转向中小城市，特别是县城，推动这些重点城镇发展成为 10 万 ~50 万人的中小城市。要大力促进城市间公共服务的均等化，引导优质教育和医疗资源向中小城市，特别是中西部的中小城市流动。将能源、矿产等深加工环节更多地留给中西部城镇，税收更多地留在本地，促进这些城镇的产业发展和财富积累，推动人口的本地城镇化。

---

① 省会 GDP 与各省除省会外经济最强市的 GDP 比值。

② 根据 2011 年各省省会 GDP 首位度排名计算，http://tieba.baidu.com/p/2055224734。

③ 冯禹丁．德国人收入是中国 10 倍柏林房价却不及京沪深，http://www.cfi.net.cn/newspage.aspx?id=20100715000748&p=0。

二、城乡间要素的双向流动

长期以来，我国的城镇化都是按照资本、劳动力、技术等要素向城市面积单向集聚和集中，城市向城郊及农村逐步拓展与扩张的方向进行。商业银行和邮政储蓄从农村抽血，向城镇输血。每年有七八千亿元资金通过金融渠道流向了城市，平均每个县高达3亿元以上，这使农村的资金供给陷入日益窘迫的境地①。尽管近些年，中央财政不断增加“三农”投入，与“三农”有关的中央政府资金甚至占到全部中央政府资金的60%；但是，由于土地财政收入属于城市政府，地方政府预算内资金也主要投入城市，因此，财政资金仍然是净流入到城镇。农村的青壮年或到城市接受高等教育，或到城市打工，许多农村地区只剩下妇女、儿童、老人，这些人群素质较低，不利于农村经济发展和村镇设施建设。与此同时，由于土地政策的诸多限制，城里人不能在农村买房子置业，直接导致城镇的资金、技术和人力资源不可能向农村大规模的流动。上述因素造成了一些农村地区经济社会日益凋敝。如果按4.5‰的人口增长率，每年城镇化率提高1个百分点，到2030年，我国人口将达到14.6亿人，城镇化率达到70%，到那个时候，农村人口仍然有4.4亿人。这些人群仍然需要居住在广大的农村地区，为农村居民创造一个有利于本地化发展、能够安居乐业的生产和生活环境，推动农村居民与城市居民同步实现全面小康，是新农村建设的重大目标和任务。况且，在城市工作的人群也有相当部分可以在农村居住。德国的城镇化率超过了80%，但是，却有40%的居民居住在农村，其中的绝大多数就业在城里；日本20%以上的人生活在农村，但农民只占到全国居民的4%②。这表明我国的城镇化不单是吸引农民向城镇聚集的单向发展过程，保持山水田园和民俗风貌特征，实现“就地城镇化”，吸引城镇居民到农村居住和就业，也是城镇化的重要组成部分。当然这一过程不是把城镇搬到农村，而是要使城镇要素有机融合到农村的自然环境和生活方式之中，使我国的农村更像农村。只有通过土地政策的必要调整，才能引导社会资源和资金向农村的流动，促进新农村开发与建设，推进农村的就地城镇化。由于我国的《土地法》明确规定包括农村宅基地在内

---

① 刘奇．城乡统筹必须跨越“三重门”〔N〕．中国经济时报，2008年9月3日，第5版。

② 中农办主任：城镇化率实际只有35%～36%，http：//www.eeo.com.cn/2012/0403/223946.shtml.

的集体建设用地，使用权不得自由转让与买卖。因此，目前，新型农村聚居点的住宅只能由符合条件的农村居民购买，这有利于农村居民的集聚，以及在条件较好的聚居点发展新的城镇。但是，由于住宅不能转让给城镇居民或企业法人，极大地限制了愿意享受田园生活的城镇居民投资新农村的热情。如果能够突破现有土地制度的限制，在确权、登记、颁证的前提下，允许农村宅基地部分转让给城镇居民，就可以实现农村居民出宅基地，城镇居民出资金，共同建设农村新居的新局面，从而促进城镇资本向农村的涌流，缓解农村新居建设的资金瓶颈；同时，吸引城镇人口向适宜发展的农村地区自发地集中，形成新的城镇集散点；吸引城镇的人才和科技资源向农村流动，推动农业的现代化。

三、政府债务的可持续性

关于未来城镇化的投资规模预测有许多的版本，有人说 10 年 40 万亿元[①]，有人说 20 年 150 万亿元[②]。2011 年，我国固定资产投资额（不含农户）30.2 万亿元，与城镇化有关的投资主要包括交通、电力、电信、公用设施、教育、卫生、文化等。合并计算，2011 年，我国城镇化投资规模约为 5 万亿元。即便是未来投资没有增长，到 2020 年，城镇化投资总规模也有 50 万亿元。如果按照 10% 的投资增速（远低于过去十年的平均增速），投资总规模将达到 77 万亿元。即便按照 50% 的银行贷款比例计算，未来十年，仅城镇化的银行贷款总规模就可能达到近 40 万亿元。由于城市政府在城镇化中的主体地位和重要功能，在这些贷款中，至少也有 50% 是属于地方政府的债务。即在未来城镇化过程中，地方政府银行负债总规模可能会达到 20 万亿元。

根据国家审计署的资料统计，1996 ~ 2010 年，地方政府债务余额年均增速高达 31.6%，明显高于全社会投资 19.8% 和地方财政收入 18.7% 的年均增速。另外，近一半的债务（5 万多亿元）是 2008 年以后的两年间形成的，近年来地方政府债务膨胀速度明显加快。而从地方政府负债率（政府债务余额/当年 GDP）来看，1996 年仅为 3.4%，2000 年为 8%，之后趋于上升，到

---

① 城镇化十年规划上报或成 40 万亿投资〔N〕. 每日经济新闻，2013 年 1 月 7 日，第 2 版。

② 庄健. 新型城镇化建设鼓励发展“影子银行”，http://finance.ce.cn/rolling/201301/31/t20130131_17051640.shtml.

2008 年上升到 17.7%，2009 年和 2010 年，地方政府负债率上升了近 10 个百分点，分别达到 26.5% 和 26.7%。如果说目前地方政府债务风险还在可控范围之内，令人担心的是下一轮城镇化投资高潮带来的地方政府债务负担的增加。按照上述城镇化银行贷款增长情况，加上城投债、地方债发行以及其他债务增加，以 GDP 年均增长 8% 计算，到 2020 年，我国地方政府负债率将达到 40% 以上，接近甚至超过发达国家的水平①。面临未来新型城镇化的投资需求，必须从财政可持续发展的角度考虑，有效控制城镇化的速度与节奏。根据发达国家的经验，地方政府债务风险要明显小于中央政府，地方政府出现债务危机的情况极为罕见。由于我国的地方政府通常不为自己的投资冲动负责，又缺乏自下而上的、来自社会公众的监督，财政风险的扩张速度明显快于成熟市场经济国家，形成的危害也可能更大。

因此，要从财政、金融甚至经济发展和体制改革的全局和长远考虑地方政府债务风险防范。要保持经济的平稳增长，避免经济大起大落。要提高地方政府的财政能力，建立地方政府的稳定财源，允许资信能力强、还债有保障的地方政府发行债券。要严格约束地方政府的投资行为。要实现“法制融资”和“阳光融资”，建立地方政府的债务监管体系，提高包括债务在内的政府财政信息的透明度。

四、投融资模式的创新

20 世纪 90 年代中后期以来，我国已经形成了较为完备的地方政府融资模式，这一模式可以概括为：土地财政 + 政府融资平台 + 政策性（商业性）银行打捆贷款的组合。在基本模式下，地方政府组建各式各样的融资平台公司，并以财政拨款、土地收益、国有资产注资以及赋予特许经营权等方式进行扶持，代替政府行使投融资职能，承担政府项目投资、融资和建设任务。国家开发银行及其他商业银行对地方政府融资平台进行大额授信，发放打捆贷款。由于政府直接投入和未来还款承诺都是以土地为基础的，随着土地收益的不断增加，注入融资平台的资金规模也不断扩大，这从根本上增加了融资平台的资本实力，即使杠杆率不提高，也会扩张银行贷款的规模。土地收益为城市建设提供了资金保障和融资便利，实现了土地开发、银行信贷和城市建设

---

① 2006 财年，英国地方政府负债率为 37%；2007 年，德国地方政府负债率为 30%；2010 年，日本地方政府负债率已达 42%。

的互动。

这种由国家开发银行倡导的模式在很大程度上缓解了由于《预算法》等法律法规约束造成的城镇化进程中的融资瓶颈问题，具有体制创新价值。一些长期没有解决或解决不到位的基础设施和公共服务项目，随着城市政府土地财政融资能力的增强，陆续得到了解决。但是，这种融资模式也受到社会公众越来越多的质疑。人们普遍认为，城市政府通过“低吸高抛”赚取土地价差，追求土地收益的最大化，导致房价暴涨以及居民消费能力和幸福感下降，导致失地农民利益受损和民怨增加。一半是天使，一半是魔鬼。当北京居民不吃不喝也要133年才能买到一套住房[①]，当地方政府暴力拆迁和房主以死抗争时常见诸报端，人们不禁要问，这就是我们所要的城镇化吗？传统的土地财政融资模式已经走到了尽头，难以承担未来新型城镇化投融资的重任。

我国土地财政融资模式最主要的问题是地方政府既是城市公共事务管理者，又承担具体的城市建设责任，在这两者之间很难找到平衡。尤其是在缺乏民众监督与约束的情况下，地方政府行为经常出现扭曲。实际上，成熟市场经济国家的政府也依赖土地收益推动城市建设，但是，这些国家的地方政府通常不直接参与其中，城市道路、街道照明、排污管道以及自来水等服务都是开发商的职责，政府在土地出让环节给予优惠；同时，地方政府也会提供建筑密度等方面的优惠，推动开发商建设保障房、幼儿园、修复历史建筑及提供其他服务。我国有些城市采取的城市运营商模式与此类似，也是由城市运营商在商业开发的同时，一并完善基础设施和公共服务，最终建成一个社区或城市新区。在这个过程中，地方政府得到了需要的设施和服务，同时避免陷入土地财政的利益漩涡。但是，采取这种开发模式需要在土地政策上有所突破，即建设用地不再进行“招拍挂”，地方政府不再直接获得土地收益，形成土地一级和二级市场的联动。

---

① 统计称中国房价超警戒线京沪133年才能买套房．http：//www. xj. xinhuanet. com/2013－01/25/c_ 114499725. htm.

刘文丰．面向世界城市的北京文化遗产保护，http：//news. sohu. com/20120514/n343115182. shtml.

陆维馨．不该忽视城市的文化价值——上海市建筑学会理事长、中科院院士郑时龄访谈，http：//www. abbs. com. cn/jzsb/read. php？ cate＝5&recid＝7209.

刘良恒．我国历史文化名城保护现状堪忧，经济参考报，2013年2月1日第6版。

五、行政区划和建制的调整

城镇化的快速发展，原有行政区划和建制已经不适应公共管理与服务的需要。近两年，国家加快了区划调整的步伐。调整大致可以分为以下几种情况。

第一，撤县设区。例如，2011 年，扬州市撤销了县级江都市，设立扬州市江都区。2012 年，苏州市撤销县级吴江市，设立苏州市吴江区。

第二，设立新区。2009 年，天津市宣布撤销塘沽区、汉沽区、大港区，设立滨海新区，以原 3 个区的行政区域为滨海新区的行政区域。

第三，特区扩容。2009 年，深圳经济特区从罗湖、福田、南山、盐田四区扩大到全市，将宝安、龙岗纳入特区范围。

第四，城区合并。2010 年，北京市将原有四个城区两两合并，设立新的东城区和西城区。

第五，撤乡并镇。又包括乡改镇、乡镇合并，以及撤乡并镇几种形式。

应该说，上述行政区划和建制调整具有积极的意义。撤县设区后，所设区直接获得中心城市的发展资源，而中心城市也获得原县域土地资源，有利于促进中心城市规模扩张与市政设施建设的空间一体化。城市新区设立统一的行政区，可以实现政府的公共管理职能与经济发展功能合一，避免行政区分割造成的相互掣肘和各行其是。特区扩容和城区合并则有利于优化资源配置，实现先富带后富，加快区域均衡发展步伐。撤乡并镇有利于扩大小城镇规模，进行集中建设。但是，与此同时，上述调整也出现了一些问题。例如，撤县设区增强了中心城市的发展能力，但是，也可能限制了原来有潜力的县域经济的发展。撤乡并镇增加了农民的办事成本，加大了乡镇的管理难度，加重了农民的教育、医疗负担，不利于乡镇的治安与维稳。

因此，适应新型城镇化需要，行政区划和建制调整需要注意以下问题。

第一，撤县设区不应是行政层级压力下的结果，县域经济体需要有更大的自主权和选择权。目前的撤县设区基本上由行政层级较高的地级市政府主导和决策，县级政府处于弱势地位。而作为具有发展活力和辐射能力的县级经济体来讲，完全可以选择撤县设市，而不是撤县设区实现自身的发展壮大。

第二，目前，城市新区的区划调整只限于国家级新区的范围，例如浦东新区、滨海新区和两江新区，其他新区基本上只是一个经济功能区，很难获得国家的批准。城市新区是城镇化的重要载体，要在缜密研究、科学规划的基础上，从法律上明确新区的行政区划。

第三，由于撤乡并镇的管理权在省级政府，因此，这方面的调整相对容易也较为频繁，这反而可能不利于乡镇经济社会的稳定。要禁止地市一级政府盲目推动撤乡并镇政策，要充分考虑群众的切身利益不受影响，避免人口过多和面积过大的乡镇出现，尽可能保留边远乡镇和交通不便的乡镇。

六、城市文化的保护与传承

近20年的城镇化对城市历史和文化遗存的破坏比战争年代和“文革”时期还要大。20世纪90年代中期到21世纪初期，政府大多缺少建设资金，于是把成片的城市改造工程全都交给开发商，没有任何的保护性规划与措施，大量古旧建筑被成片拆除；2003年以后，城市建设用地都要经过“招拍挂”形式出让，地价不断上涨的诱惑使地方政府更加热衷于旧城的拆迁。在这个过程中，许多老城区被推倒重建，城市的文化遗迹大量被毁坏。据统计，1990～2003年13年的旧城改造，北京胡同锐减683条，比1965年减少28%。1995～2001年，上海拆除了大约3000万平方米历史上遗留下来的建筑，也就是说，上海的近代建筑大约有70%以上在大规模的城市开发中被拆除。在全国近120个国家历史文化名城中，已经有将近20个没有历史文化街区，有将近一半历史文化街区不合格。

国内许多城市几年不去就会模样大变，地方政府官员也常得意于这种变化；可是，即使是本地人回家，也再也找不到那种儿时的城市记忆，留下的只是“千城一面”的钢筋水泥森林。新型城镇化要从根本上抛弃绝对经济利益导向的大拆大建，更多地从城市文化传承和城市记忆延续的角度考虑城市的改造。文化遗存不只是具有悠久历史的古迹，即便是新中国建立后的工业遗存也应受到保护。城市政府要对历史文化心存敬畏感，要防止大规模的旧城改造对历史文化街区和文化传统的破坏与湮没。

每个城市都应出台相应的《历史文化风貌区和优秀历史建筑保护条例》，通过法律的强制手段，提高历史建筑的保护率。不仅要保护历史文化遗存自身，还要保护其周围的整体环境，应在城市中设立禁止开发区域，明确在该区域内禁止任何与资源保护无关的建设。要坚持“整旧如故，以存其真”的原则，在保留古建筑基础上原样原修，让老建筑延年益寿。避免把旧城中的居民全部迁出，把民居改为旅游和娱乐场所，导致历史文化街区失去传统的生活方式和习俗。应建立国家历史文化名城等的退出机制，对历史文化遗产遭到严重破坏、过度商业开发的城市坚决予以除名。

（本文原载《宏观经济研究》2013 年第 5 期）

加快构建交通运输应急保障体系与交通事故快速响应和处置机制

吴文化

内容提要

以机动化、快速化、智能化为主要特征的现代交通运输系统，既显现其在运行管理协调方面的复杂性，也暴露其在经受各种突发事件及自然灾害冲击时的脆弱性。加快构建交通运输应急保障体系与交通事故快速响应和处置机制，力争使交通灾难或事故发生的概率减小，交通灾难或事故发生后产生的不利影响可控，保障国家和人民财产，维护社会安全稳定。

经过30年来的快速发展，我国交通基础设施网络规模不断扩大，同时，各种交通方式技术装备、交通运输信息化应用水平、交通工程技术创新能力也在显著提高。一个现代化交通运输系统不断完善，有力支撑着经济持续健康发展和社会的有效运行。以机动化、快速化、智能化为主要特征的现代交通运输系统，在满足人们多样性出行选择和运输需求的同时，也尽显其在运行管理协调方面的复杂性，经受各种突发事件及自然灾害冲击时的脆弱性。同时，由于管理不到位、规则与标准不完善、设施和装备技术质量问题、交通参与者违规违章以及气候、地质等各种主客观因素所造成的各类交通事故或灾害频出，不仅造成巨大的人身和财产损失，而且对经济运行、公共安全、生态环境等产生日益广泛和深刻影响。因此，加快构建交通运输应急保障体系与交通事故快速响应与处置机制，及时化解因各种交通事故带来的危机，是全面提高运输服务保障水平，建设和谐交通、平安交通的重要内容与紧迫任务。

一、现代交通运输系统的便利性与脆弱性

随着科学技术的飞速发展及其在交通运输领域的应用，交通运输系统突

出表现为以下三个主要特征。

1. 机动化水平显著提高

除铁路、民航、水运等公共运输方式的机动化发展外，突出表现在汽车的普及。数据显示，截止到2012年末，全国民用汽车保有量达到1.2亿辆，百人拥有汽车8.82辆，尤其是私人汽车拥有量以20%以上的速度快速增长，中国正在快步进入汽车社会。

2. 快速化趋势日趋显现

随着民航、高速铁路、高速公路的快速发展，快速交通网络化趋势凸显，不断改变人们的时空观念，对社会化的生产和人的生活方式产生日益深远的影响。

3. 智能化发展方兴未艾

在数字技术、网络技术以及空间导航等技术支持下，智能化的交通运输系统不断成熟，交通智能化的程度不断翻新，各交通运输领域以及交通活动的各个环节毫无例外地被纳入到数字技术的控制之中。

在人们越来越充分享受交通机动化、快速化、智能化带来交通便利的同时，对其依赖性也越来越强。然而，由于系统规模不断扩大、系统结构日益复杂、系统控制要求越来越高，现代交通运输系统的脆弱性也凸显出来。一旦交通系统正常运行受阻或失控，如果缺乏有效的应对预案和善后处置机制，将对经济社会运行和公共安全带来巨大的损失和风险。

造成交通系统局部性运行受阻或失控的内外触发因素在增多。第一类是由于各种不可抗拒的自然灾害对交通系统打击带来的灾难，譬如地震、海啸、台风、泥石流、暴雨、冰雪、沙尘、大雾等，都会对局部或大范围的交通运输造成巨大影响。近年来，我国因自然灾害造成局域性交通系统瘫痪的事件日益频发，因天气、地质等原因造成各种交通基础设施损害，高速公路大面积封路、连环撞车、坠崖，铁路脱轨、撞车，民航航班延误、取消，水运船舶碰撞、倾覆等各种事件频频发生。第二类是由于交通运输系统自身的技术缺陷、管理不到位或交通行为人的过失造成各种交通危机或事故，我国每年仅重特大交通事故就超过五万起，这类事故涉及范围虽然小，但发生频次高，叠加影响大，社会危害严重。第三类为交通系统受到人为干扰或袭击造成的灾难或事故，主要表现为故意犯罪或恐怖主义行为对各种运载工具、供电系统、交通信息管理系统或控制系统的攻击，这类事故的潜在风险巨大，防护成本非常高。第四类是由于交通运输系统的负外部性所带来的社会危机或事件，如汽车尾气排放带来的空气污染，各种运输工具的噪声污染，生态环境影响，常态化得交通拥堵等。以上各类触发因素所带来的交通运输风险或事故，不仅为我国所独有，实际上已经成为世界性的问题，这充分暴露了现代交通运输系统的脆弱性。

二、交通之祸所带来的严重后果不容小视

毋庸置疑，现代交通运输技术的发展，不断改变人类的生产生活方式，交通文明成为现代文明的重要组成部分。但是，由于各种触发因素造成的交通风险或事故无疑成为与交通技术发展的相伴之痛，其带来的严重后果远远超乎交通本身。

1. 严重扰乱经济社会系统的运行

现代社会运行高度依赖交通运输系统，一旦出现交通系统紊乱，人不能畅其行，货不能畅其流，整个社会的流动性受到巨大干扰，对上下游产业产生关联性影响，严重降低了经济社会的运行效率，造成交通基础设施损坏和巨大的连带经济损失。通常由于各种不可抗拒的自然灾害打击或人为系统性攻击对交通运输系统带来较大损失，进而使经济社会运行受阻，如 2008 年冬春时节，由于我国南方大面积的冰雪灾害，造成铁路、公路、民航运行全面受阻带来的灾难性影响就是典型的例子。

2. 造成人身财产巨大损失

几乎所有的交通灾难或事故都必然造成人身伤害和财产损失。据统计，我国各类交通事故死亡人数居非疾病意外死亡人数之首，2011 年各类交通事故超过 21 万起，其中机动车事故 19. 8 万起，交通事故直接导致 6. 24 万人死亡，23. 7 万人受伤，直接财产损失约 11 亿元。相比 2000 年交通事故 61. 7 万起，年死亡人数超过 9. 4 万人，受伤 41. 9 余万人，直接财产损失约 26. 7 亿元的水平，不能不说我们在交通事故防范方面有显著改善，而且这是在民用汽车保有量增长近 5 倍的情况下实现的。目前我国交通事故人员伤亡水平，仍然高于世界平均水平，更远远高于发达国家水平。在人的生命权越来越受到珍视的时代，交通之祸猛于虎，已经成为社会公害。

3. 造成现实或潜在的社会危机

交通灾难或事故引发的社会危机源于事故发生后由于信息披露不及时，救援不及时，事故处理不当，赔偿不到位等原因，造成罹难者家属乃至社会群体的情绪失控引发的危机，特别是在公共运输活动如铁路、民航、客运班车、校车等发生事故的情况下，这种危机所带来的风险极易由于网络媒体的

非理性传播被放大，对政府部门形象、社会稳定等造成极大的负面影响。近年来，我国高速公路、高速铁路发展很快，但在相关技术和工程建设等环节存在质量缺陷，容易造成交通安全隐患，如果这样的交通设施再受到管理不善、违规操作或天气原因等主客观的叠加影响，事故概率将陡然增加。如2011年铁路“7·23”动车追尾事故，2012年8月，黑龙江阳明滩大桥因公路货车超载致坍塌事故，2013年2月，河南境内连霍高速公路大桥因装载烟花爆竹货车爆炸造成大桥坍塌事故等，事故发生后，针对技术和工程质量、政府的事故处置方式及调查结果等，在社会上引起了巨大的争议，特别是在网络上出现大量挑动公众极端情绪的言论，极易造成公共信任危机，带来社会动荡风险。

4. 带来日趋严重的环境影响

由于现代交通工具特别是各类机动车、内燃机车、民航飞行器、船舶等的用能方式仍然以石油制品为主体，这些交通工具在运行过程中排放的废气不可避免地对大气和生态环境造成影响。尤其值得注意的是，随着汽车保有量的快速增长，不仅带来城市交通拥堵，而且越来越多的大城市出现由于汽车尾气造成的雾霾天气，严重影响居民的身心健康，如果不尽快采取治理措施而任其加剧，不仅会带来环境危机，而且会引发社会公共危机。

三、加快构建交通运输应急保障体系与交通事故快速响应与处置机制

就目前人类对自然规律的认识、对技术的开发应用水平以及交通行为人本身的缺陷而言，交通灾难或事故的发生是不可避免的，这是一个世界性的问题。既然如此，我们需要做的就是通过科技进步增强交通突发事件监测预警技术能力和交通安全技术保障能力，通过加强管理提高交通灾难或事故应急处置水平，通过更加严格的法规、标准和程序规范各交通参与方的行为，力争使交通灾难或事故发生的概率减小，交通灾难或事故发生后产生的不利影响可控，事故处置得当。为此提出以下建议。

1. 加快构建完善的交通运输应急保障体系

明确和强化交通运输管理部门对应急保障的职责，并加强与国家防灾减灾机构的信息沟通与工作衔接；在交通运输规划和建设中，对主要干线、枢纽、运输工具留有能力储备，增强运输网络的灵活性；建立覆盖全国交通运输系统的风险评估体系，包括组成专家工作队伍、建立在线应急监测平台等；

在交通基础设施规划建设中考虑配建交通应急疏散系统；完善与交通运输应急保障相关的法规、标准和程序。

2. 增强交通突发事件监测预警技术能力和交通安全技术保障能力

建立和完善覆盖所有交通基础设施和公共运输工具的监测监控及信息安全保障技术体系；不断扩大我国“北斗”导航系统在交通运输各领域的应用面；加强铁路、公路、水运和航空等重大交通基础设施耐久性评价与安全保障技术平台建设，提高安全事故主动防控能力；加强交通关键技术、装备、工艺创新能力建设，加速创新成果转化，全面提高交通基础设施工程质量。

3. 建立和完善交通灾难或事故快速响应与处置机制

强化跨交通方式、跨区域在重大交通事故灾害与应急救援领域的技术支撑能力，完善管理协作与信息互通机制；建立和完善由政府主导的交通灾难或事故快速响应与处置机制，包括对事故第一时间救援、现场疏散、事故取证、事故救援信息定时发布、受害者家属通知、临时安置及心理疏导、事故鉴定、责任追究等事项进行严格和规范化的程序规定；交通运输部门针对不同类型的交通突发事件拟定相应的处置预案，并开展定期的演练。

4. 加强宣传教育和对社会舆论的引导

加强对社会公众对于交通灾害防治和交通事故应急处置的宣传教育，增强抗灾和风险规避意识；加强职业教育和安全上岗培训，降低交通运输各环节由于人为操作失误造成的安全风险；大力提倡文明出行、绿色出行；在中小学定期开展交通安全以及防灾减灾专项教育活动；在尊重公众知情权的前提下，加强对社会舆论特别是各类网络媒体的引导，将由于交通事故引发的危机及时化解。

（本文原载《综合运输》2013 年第 4 期）

在思想解放中推进交通改革与发展

李玉涛

内容提要

本文总结了改革开放以来交通快速发展的制度因素，分析了重技术能力、轻制度规则的行业现实问题。提出，要真正落实科学发展主题、转变发展方式主线和生态文明建设要求，就必须解放思想，改变交通运输业的发展逻辑，摈弃高投资、高运量的政策导向，降低经济社会对交通运输的过度依赖，进而通过全方位、平衡化的体制改革推动发展方式的转变。

十八大以后，改革的紧迫性与关注度剧增。交通体制改革面临着政企分开、价格、债务、节能减排等诸多难题。最近国务院副总理马凯同志在地方调研铁路改革时要求，铁路系统要继续坚持一手抓改革、一手抓发展，确保改革发展两不误。5 月初，国务院常务会议把铁路投融资体制改革确定为本年度深化经济体制改革的重点工作之一。从深层次看，这些问题大都可归为如何协调发展与改革之间关系。当前迫切需要解放思想，凝聚共识，努力开创交通改革与发展的新局面。

一、改革是交通发展的基本动力

科学发展主题与加快转变发展方式主线的逻辑清晰，内涵丰富。发展和发展方式是相对于增长和增长方式而言的。发展同时包含了数量规模的扩大与结构质量的提高。发展不仅体现于技术物质形态，更要落在人本和制度上。但在交通行业的政策语境中，发展往往会聚焦到基础设施建设和运输能力提高上。在过去的 20 多年里，中国交通实现了跨越式发展，基础设施里程规模和运输量得到较大提升。从制度角度理解所取得的交通发展成就，行业内外皆有原因。

从外因看，改革开放是交通发展的基本动力。改革开放带来了经济的快速增长，产生的交通需求拉动着行业高速发展，同时经济增长也从根本上缓解了交通发展的资金瓶颈。在 1998 年和 2008 年两次国际金融危机中，交通行业抓住了国家利用基础设施建设提高投资需求的历史性机遇，实现了加快发展。

从内因看，交通行业主导制定了一系列促进发展的特殊政策。公路发展有赖于早期实施的收费还贷、开征车辆购置附加费、提高养路费标准政策。其他运输方式也分别实施了铁路建设基金、民航发展基金、港口建设费等相应的促进政策。同时，各种运输方式在发展过程中都不同程度地采取了向地方分权的改革。公路建设坚持以地方为主，港口、机场实施了属地化管理，铁路行业推出了“部省合作”。权力的下放，极大调动了地方政府投资基础设施建设的积极性，开启了各种交通方式竞相发展的热潮。

反过来，各种运输方式构成的交通网络扩展，也为今后更长远的经济社会发展提供了必要的基础设施保障。

二、交通政策规划存在明显的“重发展轻改革”倾向

“科学规划、引领发展”，交通发展和交通主管部门推进的工作往往是通过规划来表达和实现的。交通发展长远规划的指引，是交通大发展的重要原因。通过解读交通规划文本，可以大致理解交通行业的发展与改革观念。

从最初的基础设施建设布局规划，到现在的运输服务规划，直至各种专项规划，交通规划重在体现发展的技术逻辑。相反，政策和体制等内容则基本处于交通规划报告的末尾，单向地服从于能力提高的发展要求。也就是说，交通规划大多从技术角度来论证发展的科学性，再据此对体制改革提出要求。改革本身则缺少一以贯之的制度逻辑且外生于发展的科学体系，这种现象所带来的深层问题是：交通主管部门依赖行政力量和计划手段来主导发展，忽视、轻视市场机制、公众参与的作用。

目前交通行业内外关注的大部制等改革事项属于行政管理体制改革范畴，探讨交通管理体制多是从无缝衔接、零换乘这样的技术逻辑上来寻求合理体制模式。这种技术专业性的语言概念和思维模式，使得交通行业的改革情况难以被社会理解认知，甚至交通行业自身都难以准确掌握和表述。

过去的交通改革，促进了交通大发展。今天交通行业重启改革，面临的核心任务依然是如何正确处理改革与发展的关系，所不同的是经过大发展之

后的行业基础发生了巨变。我们既要看到里程规模增长的成就，也不能忽视收费公路、铁路改革等各种矛盾和难题。从马凯副总理的指示中可以看出，处理好交通改革与发展关系，不仅仅是对决策层的考验，更是理论工作者亟需破解的研究课题。

三、调整定位、改变导向是发展主题主线的必然要求

长期以来，国内交通政策规划的出发点是基础性、公益性，但是不可否认运输服务和基础设施供给都要消耗资源、能源，并产生多种负外部性。交通建设是经济发展的引擎，但是过度超前带来的债务也蕴含着极大的财政金融风险。转变交通发展方式，需要对行业有一个客观的定位并建立合理的目标导向，使之从根本上符合科学发展主题与加快转变发展方式主线的要求。

几乎与中国改革开放同期，欧美国家开始反思交通发展在环境破坏和经济利益非公平分配方面的教训。在理论研究与实践认识的互动推进下，西方交通政策规划发生了重要的范式转变，从过去单纯强调满足需求，转而从经济、社会和环境的多维视角来看待交通发展。这给我们理解转变交通发展方式与深化改革提供了重要的思想源泉和实践基础。

国内的低碳交通政策目标旨在不影响交通发展的前提下通过投资补贴鼓励技术创新，以提高运输能效、节约土地资源。实证研究表明，技术手段的节能减排效果，同交通发展和运输量增长所引致的能耗排放相比，根本不在一个数量级别上。如果不对运输需求进行管理调控，通过技术手段所做出的努力会迅速被机动化和交通量的增长等因素所淹没。显然，追求高投资、高运量的政策导向是不符合科学发展主题、转变发展方式主线和生态文明建设要求的。

转变发展方式就要降低经济发展对资源、能源的依赖，而交通运输业恰恰是资源占用、能源消耗、环境影响的大户。因此，转变交通发展方式，不能仅仅定位于交通运输业内部的运输效率提高，更要从降低经济增长对运输的依赖角度来研究制定策略。

交通行业要真正落实发展主题主线要求，需要从根本上改变交通发展的基本目标导向。单位 GDP 能耗和排放是衡量经济增长与资源环境的协调性、实现可持续发展的综合目标。交通网络的扩张会引致运输量的激增，所产生的资源、能源消耗和环境影响，与单位 GDP 能耗和排放目标的实现相矛盾。因此，转变交通发展方式，应从经济社会全局出发，以单位 GDP 运输量取代

投资里程规模和运输量来考核交通运输的整体绩效。指标值越低，说明经济发展对运输的依赖越小，从而越有利于生态文明建设。这样的意义在于，它可以使交通运输业在促增长、降消耗等相互冲突的目标之间取得总体上的平衡。通过进一步分解指标、细化政策，既保持了传统运输业内部通过技术创新提高能效、降低物耗的激励，又可以促进从经济社会整体上引导社会各行业降低物流/运输成本，减少交通需求。

四、深化交通体制改革的基本思路

体制改革不是独立于科学发展之外的。交通运输业按照发展主题主线要求、更新明确了行业基本定位和目标导向后，其改革目标应定位于为加快转变交通发展方式创造更多激励。

（1）深化交通改革，必须改变单纯满足需求的发展逻辑。目前以满足运输需求为目标原则的交通政策规划，很少从社会经济系统的更大范围对运输需求进行管理调控，一定程度上等同于交通部门自身在交通运力、设备与服务的供给。人类社会存在衣食住行多种基本需求，满足各种需求都需要消耗资源，公共政策需要在不同公共服务需求之间取得平衡。过分强调某一需求并不利于人民综合生活水平的提高。因此，只有把交通发展置于更大的经济社会背景下考虑供求关系，相应的体制改革才能找准方向。

（2）深化交通改革，必须理性看待改革与发展之间的辩证关系。现在的发展成就，是过去的改革红利。同样，现在的问题成因，可能是前期某些环节的改革不到位、制度不完善，抑或是政策体制已难以适应今天的发展形势。解决问题，就要根据发展形势来调整发展政策、推进体制改革。当前的改革也许并不能够立即解决眼前的发展问题，甚至短期内可能影响发展。但是只要把这种短期影响控制在社会稳定可接受范围内，今天的改革一样可以为未来的长期发展创造制度红利。这个道理不仅适用于经济社会整体，同样适用于投融资、运价机制、铁路政企分开等交通体制改革。

（3）深化交通改革，必须夯实相应的理论基础。当公共决策放弃制度逻辑而采用单一的技术路线时，技术很容易丧失独立客观性。改革需要的知识基础不能局限于发展的技术逻辑，更要强调经济学、政治学等社会科学与行业技术特征的结合。当前交通理论和政策研究工作的一项重要任务是，把相互关联却分散在各学科中的碎片化知识整合起来，构建交通改革的理论体系，以指导改革实践。

（4）深化交通改革，必须正确处理政府与市场的关系。政府主导的交通发展强调技术逻辑，对制度基础缺乏足够重视。交通市场化改革的根本问题在于，交通发展如何体现市场规律、遵循市场规则，实现技术与制度的统一。价格是一种平衡制约机制，合理定价既能为发展提供资金，同时又能够合理引导需求促进有效竞争。如果不解决发展的软预算约束问题，价格机制就很难真正发挥作用。不论基础设施，还是运输服务，其价格都应按照资源价格改革的要求，发挥对加快转变经济发展方式的促进作用。民营化并不是解决交通问题的灵丹妙药，期望通过引入私人投资来解决融资问题并不现实。民营化比融资贡献的更重要之处在于可以促进政府自身的绩效管理改革。因此，设计出以市场为导向的制度结构、以便私人投资者参与并促进政府改善管理，从整体上提升运输效率和服务质量，才是民营化改革的关键所在。

（5）深化交通改革，必须以提高运输效率为出发点。运输效率包含了技术效率与经济效率两个方面。近年来交通政策规划，其实质都是在行业内部的技术角度来寻求提高运输效率，很大程度上忽视了从制度层面考量资源配置的经济效率。交通行业要实现发展与改革工作的统筹，必须把技术效率与经济效率结合起来。

（6）深化交通改革，必须正确处理宏观调控与微观监管之间的关系。市场经济首先是法治的经济。要发挥市场在资源配置中的基础性作用，关键是正确处理好宏观调控与微观监管的关系，宏观政策不能轻易突破微观规则限制。政企分开迈出了铁路改革的关键一步，但是更为困难的是相应的经济性监管。因为价格等经济性监管是处理铁路改革与发展的关键所在。铁路债务、收费公路债务等交通债务的处理，需要建立在明确的发展规则基础之上。

（本文原载《综合运输》2013 年第 13 期）